GRAMMAIRE

POPULAIRE.

GRAMMAIRE POPULAIRE,

SUIVANT LE SYSTÈME DES ÉCOLES-MODÈLES,

OU

GRAMMAIRE PRATIQUE,

EN 90 LEÇONS,

Mise à la portée DES PLUS JEUNES ENFANTS, avec des Exercices orthographiques gradués sur chaque leçon; des Récapitulations sur chaque chapitre; des Dictées sur les homonymes; des Exercices syntaxiques, et une nouvelle manière d'apprendre la conjugaison des verbes;

Par CH. MARTIN,

AUTEUR DU VOLEUR GRAMMATICAL, MEMBRE DE DIFFÉRENTES SOCIÉTÉS SAVANTES ET MAÎTRE DE PENSION.

Seconde Édition.

PRIX: 1 fr. 25 c.

On n'est jamais bon maître, si l'on ne sait s'abaisser jusqu'au niveau de l'esprit de son écolier.

A LAON,
Chez LECOINTE, libraire, rue Châtelaine, N° 34.

A PARIS,
Chez DELALAIN, libraire, rue des Mathurins-St-Jacques, N° 5.

1833.

Laon. — Varlet-Berleux et F. Bouquet,
Imprimeurs de la Préfecture, rue Sérurier, n. 36.

A M. Martin, *Recteur de l'Académie d'Amiens.*

Monsieur le Recteur,

Au moment où le gouvernement manifeste de la manière la plus formelle la volonté de donner un rapide et généreux essor à l'enseignement primaire, et où, dans sa sage prévoyance, il doue chaque département d'une Ecole-Modèle, qu'il me soit permis, comme à un instituteur de votre Académie, de vous dédier un ouvrage qui vient de paraître sous votre administration, et qui est le résultat des cours que j'ai suivis dans plusieurs de nos Ecoles-Modèles de la capitale, et de mes longues méditations sur toutes les méthodes d'enseignement que j'ai été, autant que qui que ce soit, à même d'apprécier dans les différentes commissions dont j'ai eu l'honneur de faire partie, tant à l'Académie grammaticale de Paris, qu'à la société des méthodes.

Depuis quinze ans je m'occupe spécialement d'enseignement primaire, et j'ai pu observer beaucoup, et j'ai reconnu qu'autre chose est de savoir pour soi, ou d'enseigner aux autres, et qu'il n'est pas donné à tout le monde d'être didacticien ; que la plus grande partie des maîtres sont encore loin de bien comprendre ce principe, *que pour élever son élève jusqu'à soi, il faut savoir descendre jusqu'à lui.* Pénétré de cette vérité, j'ai dû déjà, dans plusieurs rencontres, signaler les préjugés de la routine, dont les vues stationnaires et la méthode surannée sont autant de lignes qui s'opposent au développement intellectuel de la plus intéressante portion de la société.

En me renfermant ici dans l'enseignement de

notre belle langue, qui n'est frappé de ces définitions abstraites qui sont encore un objet de controverse pour nos plus habiles métaphysiciens, et qui font le tourment de la jeunesse dont elles fatiguent inutilement la mémoire, sans jamais parler à la raison? Quels fruits retire l'adolescence de ces précoces abstractions? rien que la répugnance et le dégoût. Voilà, monsieur le Recteur, ce qui justifie de nos jours l'épithète de *science sèche et aride* donnée à la grammaire, qui, au contraire, et comme la première de toutes, devrait, par cela seul, être présentée de manière à la populariser.

Les besoins réels du siècle, mieux sentis que jamais, ont réveillé l'attention de quelques grammairiens philosophes, qui ont eu le courage de publier des journaux sur les différentes branches d'enseignement, et des grammaires raisonnées d'un mérite incontestable. Les auteurs de ces ouvrages ont suivi la méthode des faits; mais ces grammaires surtout semblent faites plutôt pour nos écoles urbaines du premier degré que pour nos écoles de campagne. Elles ne sont pas assez à la portée de l'enfance et supposent dans l'élève des connaissances qu'il ne peut avoir acquises qu'après plusieurs années passées sur les bancs des écoles. Une fois l'impulsion donnée, il ne s'agit plus que d'entretenir le mouvement et de lui faire opérer tout le bien qu'on a lieu d'en attendre. C'est à ceux qui en sentent toute la portée, et qui sont instruits à l'école de l'expérience, à oser se mettre sur les rangs pour y contribuer autant qu'il est en eux.

C'est sous ce double rapport, monsieur le Recteur, et plus encore à cause du zèle éclairé que vous apportez à la propagation de l'enseignement primaire, que j'ai l'honneur de vous dédier *l'Art d'enseigner la langue française* et la *Grammaire populaire*, ouvrages rédigés d'après le *système des Ecoles-Modèles*, et qui contiènent une série de faits gradués, dont le but est de faire sentir chaque règle par l'analyse qui en est le flambeau, ainsi que par la pratique elle-même, et de l'inculquer avec connaissance de cause dans les plus faibles intelligences. Il y a dans l'esprit du praticien une sorte d'instinct qui le guide à son insçu vers le juste, et quelquefois avec beaucoup plus d'avantages que les raisonnements les mieux développés.

Ennemi des cacographies, j'ai banni de semblables exercices de ma méthode, qui est fondée sur ce grand principe reconnu dans tous les temps, *que les connaissances qu'on perçoit par les yeux se gravent plus profondément dans l'esprit que celles qu'on perçoit par l'ouïe.*

Les exercices qui se succèdent dans mon ouvrage sont autant de devoirs variés dans lesquels je me suis bien gardé de vicier l'orthographe absolue; parce 1° qu'il ne faut rien présenter de faux à l'œil; 2° que de cette manière je dispenserai bien des pères de famille, qui souvent ne le pourraient point, d'acheter un dictionnaire à leurs enfants; 3° que les devoirs étant plus tôt faits, le maître et l'élève gagnent un temps précieux; 4° que je ne fatigue point l'esprit de ce dernier par une trop grande tension, les exercices soutenant son attention en même temps qu'ils développent son intelligence.

Cet ouvrage a encore un avantage qui sera surtout apprécié par les instituteurs que les travaux de leur profession, ou la position pécuniaire ou l'éloignement du chef-lieu empêchera de fréquenter nos Écoles-Modèles. Avec ma méthode, le maître ne sera jamais abandonné à lui-même; il y trouvera, à la vérité, peu de préceptes; mais en échange beaucoup d'exemples, et des devoirs préparés pour les différentes classes et pour toute l'année scolaire. *L'Art d'enseigner la langue française* aura l'avantage bien précieux de former des élèves pour nos Écoles normales, et qui pourront se présenter au concours avec une certaine somme de connaissances.

Mon ouvrage, placé sous le patronage d'un aussi bon juge, ne manquera pas d'atteindre au but que je m'y suis proposé : *l'utilité publique.*

Je suis avec le plus profond respect,

Monsieur le Recteur,

Votre très-obéissant serviteur,

CH. MARTIN,

Instituteur à Crécy-sur-Serre (Aisne).

Crécy-sur-Serre, le 4 août 1833.

INSTRUCTION PRIMAIRE. — MÉTHODE MARTIN.

UNIVERSITÉ DE FRANCE. — ACADÉMIE D'AMIENS.

Le 22 septembre 1833.

A M. MARTIN, *maître de pension.*

MONSIEUR, j'ai lu avec un vif intérêt *l'art d'enseigner la langue française* et la *Grammaire populaire* que vous m'avez fait l'honneur de m'adresser. Je regarde ces deux ouvrages comme *très-propres à faciliter à la jeunesse l'étude de notre langue.* Je n'ai point été étonné de l'excellence de la Méthode dont le mérite m'est garanti d'avance par vos travaux précédents et par votre expérience de l'éducation de la jeunesse. Je ne puis que vous encourager, et vous engage à les soumettre à l'examen du conseil royal de l'instruction publique.

Recevez, Monsieur, l'assurance de ma considération distinguée.

Le Recteur de l'Académie,

MARTIN.

PRÉFACE.

Cet ouvrage n'est ni le fruit de longues veilles, ni le résultat de profondes méditations : persuadé qu'en général nos grammaires pèchent par la multiplicité et l'ambiguité des regles, par l'océan des exceptions et sur tout par le mauvais choix des exemples cités, pour faire parade d'érudition plutôt que d'être gradués et mis à la portée de l'enfance, je cherchai dans la capitale d'habiles maîtres, des grammairiens philosophes qui pussent m'éclairer sur l'art si précieux et malheureusement si peu connu de la *didactique*. C'est à l'époque des *Pestalozzi*, des *Darjou*, des *Marrast*, des *Vanier*, des *Lemare*, des *Boniface*, tous ennemis de la routine et des préjugés, que j'ai formé ma *méthode;* c'est, pénétré des principes des *Domergue*, des *Dumarsais*, des *Condillac*, des MM. *de Port-Royal*, que j'ai mis en première ligne la *méthode-pratique*.

Aujourd'hui que les bons esprits reconnaissent que les meilleures *Grammaires-théoriques*, celles mêmes qui sont débarrassées des termes techniques et d'une foule de règles et d'exceptions trop souvent inutiles, et toujours mal saisies par l'œil rebuté de l'enfant, qu'on sent enfin le besoin de sortir du sentier trop rebattu de la routine, je publie une véritable *Grammaire-pratique* qui promet d'immenses avantages à ceux qui la mettront en usage : avec elle, il ne faudra plus qu'un seul livre élémentaire pour faire faire aux enfants toutes les études orthographiques, puisqu'elle renferme tout à la fois *les règles de la grammaire*, *des exercices français gradués*, *des analyses grammaticales* graduées sur ces mêmes règles, et qui en sont le flambeau, une *nouvelle manière d'enseigner la conjugaison*, un *traité du participe* et un du *subjonctif*, avec *des exercices sur les homonymes* et sur les *règles de la syntaxe*(1), et le tout renfermé dans un seul volume. L'enfant n'aura donc plus besoin d'avoir toujours autour de lui une demi-douzaine de livres élémentaires qui le dégoûtent vraiment des études ; et les parents gagneront beaucoup, puisqu'un seul ouvrage d'un prix si modique en remplacera six d'une dixaine de francs ; ce qui le rend *populaire*.

A l'aide de ma *méthode-pratique*, cent élèves, pendant une séance d'une heure (et c'est le moins que l'on puisse consacrer tous les jours à l'étude de la langue maternelle), recevront une bonne leçon d'orthographe et d'analyse où ils s'instruiront en se divertissant ; car elle met sans cesse les enfants en rapport avec eux-mêmes ; elle les oblige à des devoirs réciproques, et les rend étrangers à la dissipation ; elle les habitue au travail, par la connaissance qu'ils acquièrent tous les jours des progrès qu'ils font ; enfin elle leur fait contracter la bonne habitude de raisonner leurs devoirs et les empêche d'être des *récitateurs de mots*.

Le maître trouvera dans cet ouvrage un guide certain qui lui fera gagner beaucoup de temps, puisque les devoirs sont préparés pour tous les jours. Il trouvera aussi une foule de procédés qui facilitent les explications, qui abrègent le travail, qui fécondent l'intelligence des élèves, et qui gravent profondément dans leur mémoire l'instruction communiquée.

Je ne m'étendrai pas sur les avantages de la *méthode-pratique*, je sais qu'avec raison le public, trop souvent trompé par des phrases sonores, ne s'en rapporte pas toujours aux préfaces, et je l'en félicite. J'en appèle aux gens sensés qu'aucun préjugé n'aveugle, aux amis de l'enfance et de l'instruction,

(1) Les analyses grammaticales, les dictées sur les homonymes et les questions pour servir aux examens, se trouvent dans la première partie intitulée : L'ART D'ENSEIGNER LA LANGUE FRANÇAISE.

et je les invite à s'armer du flambeau de la logique et à lire les premiers chapitres de l'ART D'ENSEIGNER LA LANGUE FRANÇAISE ; c'est la meilleure préface que je puisse leur donner.

En 1831, je me proposais de publier ma *méthode-pratique* dans un journal, *la Revue élémentaire*, que je voulais fonder ; j'en soumis le plan au ministre de l'instruction publique, qui m'écrivit la lettre ci-jointe :

MINISTÈRE DE L'INSTRUCTION PUBLIQUE.

PREMIÈRE DIVISION, N° 26231.

A Monsieur MARTIN, *Instituteur.*

MONSIEUR, j'ai pris communication de la lettre que vous m'avez écrite et du prospectus d'un nouveau journal, *spécialement destiné à l'Instruction primaire*, que vous vous proposez de publier sous le titre de *Revue élémentaire*

Le gouvernement ne peut que voir avec plaisir *tout ce qui tend à propager et à améliorer l'Instruction primaire*, et une entreprise comme la vôtre, conçue dans les vues que vous exprimez, est digne sans doute de tout son intérêt. Je donne des ordres pour que les renseignements dont vous aurez besoin soient mis a votre disposition dans les bureaux.

Recevez, Monsieur, l'assurance de ma parfaite considération.

Le Ministre de l'Instruction publique,

BARTHE.

COPIE d'un certificat délivré par les autorités du bourg de Crécy-sur-Serre, constatant les résultats obtenus, en QUATRE MOIS, *par la méthode-pratique.*

Nous soussignés, maire, adjoint, juge de paix et membres du conseil municipal du bourg de Crécy-sur-Serre (Aisne), certifions qu'ayant été invités par M. Ch. Martin, fondateur et rédacteur du journal de l'Instruction publique la *Revue élémentaire*, pour assister à l'examen des élèves du pensionnat qu'il a fondé en cette commune, et afin de constater les résultats de sa *nouvelle méthode*, nous n'avons pas été peu surpris des progrès vraiment étonnants qu'a obtenus ce professeur sur des enfants de *cinq à six ans*, qui, à notre pleine connaissance, et comme il a été constaté par les parents eux-mêmes, n'avaient aucune connaissance de *lecture* il y a *quatre mois*, et qui ont, non-seulement *lu couramment* en notre présence des phrases prises au hasard, mais qui ont encore, à notre grand étonnement, *analysé grammaticalement* et *orthographié par principes* des phrases que nous leur dictions, en expliquant d'une manière nette et précise pourquoi tel mot est un substantif propre ou commun; tel autre un adjectif qualificatif ou déterminatif; tel autre enfin un pronom ou un verbe, et comment ces mots s'accordent les uns avec les autres, distinguant clairement la *nature* et la *fonction* de chaque partie du discours. La netteté et la hardiesse de l'écriture de ces mêmes enfants ne nous ont pas moins surpris. L'examen a aussi prouvé que des enfants de *dix à douze ans* ont fait des progrès non moins étonnants dans la *grammaire raisonnée*, *l'histoire*, la *géographie*, *l'arithmétique* et le *dessin linéaire*. Le degré d'instruction des élèves que nous a présentés cet habile professeur, sortis de chez leurs parents, il y a *quatre mois*, n'ayant aucune notion, les uns de lecture, les autres de grammaire, est le plus bel éloge qu'on puisse faire de la *méthode Martin*.

Le conseil, persuadé que l'instruction populaire est maintenant la base la plus certaine du bonheur social, fait des vœux pour la propagation d'une *telle méthode*.

Donné en séance, à l'hôtel-de-ville, le 6 mai 1832.

Chatelain, Chevalier, Riche, Vaizon, Voreau, Cillier, Lebès, Pamart, Lécuyer, Houdin, Parant, Balger, Lefèvre, *juge de paix, membre du comité*; Michel Wafflard, *adjoint, membre du comité*, et Lhote, *maire, président du comité de l'Instruction publique*.

AVIS IMPORTANT.

Pour bien apprécier cet ouvrage et pouvoir s'en servir avantageusement, il faut avoir la première partie, celle du maître, intitulée : L'ART D'ENSEIGNER LA LANGUE FRANÇAISE.

Ouvrages du même Auteur.

LE NOUVEAU MANUEL COMPLET DES ÉCOLES PRIMAIRES, contenant, 1° les règles de la langue française; 2° un traité d'analyse; 3° un traité de la conjugaison; 4° un traité des participes; 5° un traité du subjonctif. Prix, 1 f. 75 c.

L'INDISPENSABLE DES ÉCOLES PRIMAIRES, avec un Programme de 600 questions sur la langue française. Prix, 2 fr. 25 c.

UN TRAITÉ D'ANALYSE GRAMMATICALE raisonnée. Prix, 75 centimes.

UN TRAITÉ D'ANALYSE LOGIQUE raisonnée. Prix, 75 c.

LE VOLEUR GRAMMATICAL, ou DICTIONNAIRE DES DIFFICULTÉS DE LA LANGUE FRANÇAISE, ouvrage où plus de 3000 difficultés sont traitées par ordre alphabétique. Prix 2 fr.

Chez DELALAIN, rue des Mathurins Saint-Jacques, n° 5, à Paris.

GRAMMAIRE POPULAIRE,

SUIVANT LE SYSTÈME DES ÉCOLES-MODÈLES.

PREMIÈRE PARTIE.

INTRODUCTION.

Première Leçon.

Pour *parler*, comme pour *écrire*, on emploie des mots qui sont composés de lettres.

1. Il y a deux sortes de lettres : les *voyelles* et les *consonnes*.

2. Les voyelles sont : *a*, *e*, *i*, *o*, *u* et *y*. Elles sont appelées *voyelles*, parce que *seules*, elles forment une *voix*, un *son*.

3. Les consonnes sont : *b*, *c*, *d*, *f*, *g*, *h*, *j*, *k*, *l*, *m*, *n*, *p*, *q*, *r*, *s*, *t*, *v*, *x*, *z*. Elles sont appelées *consonnes*, parce qu'elles ne forment un *son* qu'avec la réunion d'une ou de plusieurs voyelles.

4. Il y a trois sortes d'*e* : l'*e* muet, qui ne se prononce que faiblement, ou ne se prononce pas, comme dans *paiement*, *rue*, *jalousie* ; l'*e* fermé, qui se prononce la bouche presque fermée, comme dans *bonté*, *décédé*, *végété* ; l'*e* ouvert, qui se prononce la bouche presque ouverte, comme dans *mère*, *succès*, *procès*.

2me Leçon.

5. L'Y s'emploie tantôt pour un *i* simple, tantôt pour deux *ii*. L'Y s'emploie comme un *i* simple, quand il est placé au commencement ou à la fin des mots, comme dans *yeux*, *dey*, ou quand il est placé entre deux consonnes, comme dans *hymen*, *hypocrite*. Y s'emploie

comme deux *ii*, quand il est placé entre deux voyelles: *envoyer*, *payer*, *rayon*, excepté *pays*, *paysage*, etc.

6. H est tantôt muet et tantôt aspiré. *H* est muet quand il n'ajoute rien à la prononciation de la voyelle suivante : *l'homme*, *l'honneur* ; H est aspiré quand il fait prononcer du gosier la voyelle qui suit : la *honte*, et non pas *l'honte* ; le *hibou*, et non pas *l'hibou*.

7. On dit, *des haricots*, *des hannetons*, et non pas comme s'il y avait : *dé-zaricots*, *dé-zannetons*. On dit: *un n'heureu hazard*, et non pas : *un heureu zazard*.

3me Leçon.

8. Les voyelles sont *longues* ou *brèves*. Les voyelles *longues* sont celles sur lesquelles on appuie plus long-temps que sur les autres en les prononçant.

9. Les voyelles *brèves* sont celles sur lesquelles on appuie moins long-temps. Exemples:

A est long dans *plâtre* et bref dans *cravate* ; *e* est long dans *tête* et bref dans *muette* ; *i* est long dans *épître* et bref dans *titre* ; *o* est long dans *impôt* et bref dans *dévot* ; *u* est long dans *flûte* et bref dans *hutte*.

10. Les voyelles sont quelquefois surmontées de petits signes qu'on appèle *accents*, et qui servent à indiquer un changement de prononciation.

11. Il y a trois accents : l'accent *aigu* se met sur l'*é fermé* : PRÉMÉDITÉ ;

12. L'accent *grave* se met sur l'*è ouvert* : PÈRE, ACCÈS ;

13. L'accent *circonflexe* se met sur les voyelles longues : APÔTRE.

14. Les mots se partagent en autant de syllabes qu'on fait entendre de *sons* : *roi*, *bon*, *chou*, *loi* ont chacun une syllabe : *pro-bi-té* en a trois ; *pré-mé-di-té* en a quatre.

15. Il y a dans la langue française dix espèces de mots qu'on appèle les *parties du discours* : le *nom* ou *substantif*, l'*article*, l'*adjectif*, le *pronom*, le *verbe*, le *participe*, la *préposition*, l'*adverbe*, la *conjonction* et l'*interjection*.

CHAPITRE PREMIER.

4me Leçon.

DU NOM OU SUBSTANTIF.

16. Tout mot auquel on peut joindre une *qualité* ou un *défaut*, comme *grand*, *petit*, *bon*, *mauvais*, *beau*, *belle*, *noir*, ou *blanc* est un *substantif*.

Ce *discours* te surprend, *docteur*, je l'aperçois,
L'*homme* de la *nature* est le *chef* et le *roi*:
Bois, *prés*, *champs*, *animaux*, tout est pour son usage.
Et lui seul a, dis-tu, la *raison* en *partage*.
Il est vrai, de tout *temps* la *raison* fut son *lot*;
Mais de-là je conclus que l'*homme* est le plus sot.

Le discours *est un* substantif, *parce qu'on peut y ajouter une qualité*, comme discours SAVANT; docteur *est un* substantif, *parce qu'on peut dire* GRAND *ou* PETIT docteur; homme *est un* substantif, *parce qu'on peut dire* homme BON *ou* MÉCHANT; nature *est un* substantif, *parce qu'on peut dire* BELLE nature; chef *est un* substantif, *parce qu'on peut dire* BON *ou* MAUVAIS chef; roi *est un* substantif, *parce qu'on peut y ajouter une qualité, comme* GRAND roi, *ou un défaut, comme* MÉCHANT roi.

Même raisonnement pour bois, prés, champs, usage, raison, partage, etc.

5me Leçon.

17. Il y a deux sortes de substantifs; le substantif *commun* et le substantif *propre*.

18. Le substantif *commun* s'applique indifférem-ment à toutes les choses de la même espèce: *brebis*, *ville*, *village*, *rivière*, *montagne*, *homme*, *femme*, *jardin*, *fruit*, *sucre*, *table*, *plume*, *canif*, sont des substantifs *communs*. Le mot *brebis* est commun à toutes les *brebis*; le mot *ville* est commun à toutes les

villes; le mot *village* est commun à tous les *villages;* le mot *fruit* est commun à tous les *fruits*, etc.

19. Le substantif *propre* ne convient qu'à une seule personne ou à une seule chose; il sert à distinguer cette personne ou cette chose de toutes les autres personnes ou de toutes les autres choses.

Paris, *César*, *Seine*, *France*, *Pyrénées*, *Bossuet*, *Voltaire*, *Bonaparte* sont des substantifs propres; *Paris* est un substantif *propre*, 1°. parce qu'il sert à distinguer cette ville des autres villes; 2°. parce que ce nom ne convient qu'à une seule ville appelée *Paris*. *Bossuet* est un substantif *propre*; 1°. parce que ce nom ne convient qu'à un seul homme appelé *Bossuet;* 2°. parce qu'il sert à distinguer cet homme de tous les autres hommes. Même raisonnement sur les mots *César*, *Seine*, *France*, *Pyrénées*, *Voltaire*, *Bonaparte*.

20. La première lettre des substantifs propres doit toujours être une majeure.

6me Leçon.

21. Il y a deux genres dans les substantifs: le *masculin* et le *féminin*. Les substantifs qui représentent des êtres *mâles* sont du genre masculin: le *père*, le *cheval;* les substantifs qui représentent des êtres *femelles* sont du genre *féminin*: la *mère*, la *jument*.

22. Tout substantif avant lequel on peut mettre le mot *le* ou le mot *un* est du genre *masculin*. Or, *livre* est du masculin; car je puis dire LE *livre* ou UN *livre*. Faites le même raisonnement sur les substantifs *soldat*, *officier*, *lion*, *renard*, *mouton*, *chien*, *château*, *étang*, *champ*, etc.

23. Tout substantif avant lequel on peut mettre un des mots *la* ou *une* est du genre féminin. Or, *plume* est du genre *féminin;* car je puis dire LA ou UNE *plume*. Faites le même raisonnement sur les substantifs *femme*, *lionne*, *maison*, *ville*, *rivière*, *prune*, *liqueur*, *innocence*, *éternité*, etc.

7me Leçon.

24. Il y a deux nombres dans les substantifs : le *singulier* et le *pluriel*.

25. Tout substantif qui n'exprime qu'un *seul objet* est au *singulier*, comme le *père*, la *mère*, la *cour*, le *jardin*, la *maison*. Le PÈRE est au singulier, parce qu'il n'exprime qu'un *seul père*. Même raisonnement sur *cour*, *maison*, etc.

26. Tout substantif qui exprime *plusieurs objets* est au *pluriel*, comme *les pères*, *les mères*, *les jardins*, *les maisons*, *les champs*, etc. Quand je dis *les pères*, PÈRES est au *pluriel*, parce que ce mot exprime *plusieurs pères*. Même raisonnement sur *mères*, *jardins*, etc.

27. Pour distinguer qu'un substantif est au pluriel, on ajoute un *s* à la fin : *un roi*, *des rois*; *une rose*, *des roses*; *le canif*, *les canifs*.

REMARQUE. Les mots *le*, *un*, *ce*, *ma*, *ta*, *sa*, annoncent le *singulier*. Les mots *les*, *des*, *ces*, *mes*, *tes*, *nos*, *vos*, annoncent le *pluriel*.

8me Leçon.

EXCEPTIONS A LA FORMATION DU PLURIEL DANS LES SUBSTANTIFS.

28. Les substantifs terminés au singulier par *s*, *z* ou *x* s'écrivent au singulier comme au pluriel : le *bras*, les *bras*; le *puits*, les *puits*; le *riz*, les *riz*; le *nez*, les *nez*; le *crucifix*, les *crucifix*; la *noix*, les *noix*.

29. On forme le pluriel dans les substantifs terminés par *eau*, *au*, *eu*, en ajoutant un *x* : le *mart*EAU, les *mart*EAUX; le *tuy*AU, les *tuy*AUX; le *li*EU, les *li*EUX.

30. Six substantifs seulement terminés par *ou* exigent un x au pluriel, les voici ; *chou*, *caillou*, *genou*, *pou*, *verrou* et *hibou* : un *chou*, des *choux*; un *caillou*, des *cailloux*. Les autres substantifs terminés en *ou* suivent la règle générale ; un *clou*, des *clous*; un *fou*, des *fous*; un *bijou*, des *bijous*; un *licou*, des *licous*.

31. On forme le pluriel dans les substantifs terminés par *al*, *ail* en changeant *al* ou *ail* en *aux* et jamais en *eaux* : un *mal*, des *maux* ; le *tribunal*, les *tribunaux* ; un *émail*, des *émaux* ; le *corail*, les *coraux*. Mais *bal*, *carnaval*, *régal*, *détail*, *portail*, *éventail*, *attirail*, *poitrail*, *sérail* s'écrivent avec un *s* au pluriel.

Premier exercice (1). La maison, le château, le soldat, le général, le chou, le fou, le tuyau, le matelas, le crucifix, le palais, le levier, le bocal, le soupirail, le cristal, le fromage, un potage, un bouquet, une fleur, une rose, le régal, le piquet, la garde, un village, une ville, la rivière, le ruisseau, le feu, le papier, la plume, le levreau.

Deuxième exercice. Le moulin, la glace, le bureau, une pendule, le caporal, le détail, un fleuve, une montagne, le verrou, le poitrail, un lac, une mère, la côte, la poule, le puits, le cardinal, un serpent, une brebis, le fils, la fille, une perdrix, le juge, la main, le pied, un bœuf, une vache, le frère, la sœur, le feu, la cendre, une poire, le vin, le discours, le caillou, le matou, le hibou.

Troisième exercice. Le corail, le cheval, un berger, un couteau, une table, le feu, un signal, le licou, le pou, le sapajou, le canal, le bal, un éventail, un neveu, une nièce, un amiral, le boyau, le bois, le milieu, le camail, le roi, une reine, un parent, un ami, le canard, le libéral, le hibou, le jour, le fruit, une pêche, le raisin, le trou, le moineau.

Quatrième exercice. Un attirail, le fléau, le daim, le poitrail, le bail, la bataille, la caille, l'agneau, le courroux, le houx, le fourneau, le frère, le clystère, le mystère, l'écrivain, le peintre, le boulanger, le coucou, la perdrix, le crucifix, l'horloger, le boutiquier, le fuseau, le licou, le télégraphe, le fourneau, le matou, le capital, le principal, le bancal.

---

(1) Ces exercices devront être traduits par le pluriel.

CHAPITRE DEUXIÈME.

9me Leçon.

DE L'ARTICLE.

32. Tout mot qui est placé avant un substantif pour marquer qu'il s'agit d'*un* ou de *plusieurs* objets est ARTICLE.

Le cheval est *un* être très-essentiel *aux* hommes, *les* qualités en sont infinies.

Le est placé avant le substantif *cheval*, pour marquer qu'il s'agit *d'un seul* cheval; donc LE est article. *Un* est placé avant le substantif *être*, pour marquer qu'il s'agit *d'un seul* être; donc UN est article. *Aux* est placé avant le substantif *homme*, pour marquer qu'il s'agit de *plusieurs* hommes; donc AUX est article. *Les* est placé avant le substantif *qualités*, pour marquer qu'il s'agit de *plusieurs* qualités; donc LES est article (1).

TABLEAU DES ARTICLES.

33. Le, la, les,	simples.
34. Du, des, au, aux,	composés.
35. Ce, cet, cette, ces,	démonstratifs.
36. Mon, ma, mes, ton, ta, tes, son, sa, ses, notre, votre, nos, vos, leur, leurs.	possessifs.
37. Un, deux, trois, quatre, cinq, six, etc.,	numériques.

(1) Je considère les adjectifs possessifs et les démonstratifs comme de véritables articles, parce qu'ils remplissent les mêmes fonctions : en cela je suis d'accord avec plusieurs grammairiens judicieux. Quand je dis : *mon* chapeau, *votre* maison, *tes* livres, c'est comme si je disais : LE chapeau de moi, LA maison de vous, LES livres de toi.

Quelque, plusieurs, maint, aucun, certain, tel, quel, lequel, laquelle, tout, toute, chaque, chacun.	indéfinis.

10me Leçon.

38. Première remarque. Au lieu de dire la chaleur *de le* soleil, on dit la chaleur *du* soleil. On dit aussi: aller *au* village, pour aller *à le* village, la piété *des* hommes, pour la piété *de les* hommes; parler *aux* enfants, pour parler *à les* enfants. *Du*, *des*, *au*, *aux* sont donc des articles *contractés* ou *composés*.

39. Deuxième remarque. Si le mot qui suit *le* ou *la* commence par une voyelle ou par un *h* muet, on supprime *e* dans l'article *le* et *a* dans l'article *la*, et l'on y substitue une apostrophe (l'). On dit: *l'ange*, *l'amitié*, *l'homme*, et non: *le ange*, *la amitié*, *le homme*.

40. Troisième remarque. *Mon*, *ton*, *son*, s'emploient pour *ma*, *ta*, *sa*, quand le mot féminin qui suit commence par une voyelle ou par un *h* muet. On dit: *mon épée*, pour *ma épée*; *ton âme*, pour *ta âme*; *son enfance*, pour *sa enfance*.

41. Quatrième remarque. On ajoute un *t* à *ce* avant une voyelle ou un *h* muet: *cet oiseau*, *cet or*, *cet homme*.

Exercices sur le substantif et sur l'article, *à faire traduire par le pluriel, après avoir fait corriger les fautes sur l'article.*

Premier exercice. Le château de le seigneur, la consolation de le malheureux, le chef de le gouvernement, le homme de la nature, le fanal de notre port, le vaisseau de le amiral, le filou de la société, les beautés de le pays, le ami de le prince, le palais de le roi, la maison de la reine, le légume de le jardin, le tambour de le régiment.

Deuxième exercice. La vie de le monarque, le portail de la église, le puits de le village, le détail de la fête, le cou de le sapajou, le soupirail de la cave, le ami de ma héroïne, le sujet de ton caprice, le bijou de le marchand, la voix de le enfant, le troupeau de le berger, le clou de la porte, le poisson de le étang, le taureau de la étable.

CHAPITRE TROISIÈME.

11me Leçon.

DE L'ADJECTIF.

42. Tout mot qui donne une qualité à un autre mot, et qu'on peut placer après IL EST TRÈS.... est un adjectif (1).

Que le seigneur est *bon!* que son joug est *aimable!*
Jeune peuple, courez à ce maître *adorable*.

BON est un adjectif, 1° parce qu'il donne une qualité au substantif *seigueur*, 2° parce qu'on peut dire : IL EST TRÈS- *bon*. AIMABLE est un adjectif, 1° parce qu'il donne une qualité au substantif *joug*, 2° parce qu'on peut dire : IL EST TRÈS- *aimable*.

1°. Les Tyriens sont industrieux, patient, laborieux, propre, sobre et ménager : ils ont une exact police, ils sont parfaitement d'accord entre eux; jamais peuple n'a été plus constant, plus sincères, plus fidèle, plus sûrs, plus commodes à tous les étrangers.

2°. Ce vieillard avait un grand front chauves et un peu ridés; une barbe blanc pendait jusqu'à sa ceinture; sa taille était haut, majestueux; son teint encore fraiche et vermeille, ses yeux vives et péné-

(1) Les mots *bien*, *mal*, *loin*, *près*, forment exception.

trant; sa voix doux, ses paroles simples et aimables; jamais je n'ai vu un si vénérables vieillard.

12me Leçon.

43. Tout adjectif qui qualifie un substantif *masculin* est au masculin. Tout adjectif qui qualifie un substantif *féminin* est au féminin. Tout adjectif qui qualifie un substantif *singulier* est au singulier. Tout adjectif qui qualifie un substantif *pluriel* est au pluriel.

44. La réponse à la question QUI EST, appliquée à un adjectif, indique le mot auquel l'adjectif se rapporte, et avec lequel il s'accorde. Ex. : *Dieu est* PUISSANT. Dites : QUI EST *puissant?* Rép. *Dieu. Puissant* est au *masculin* et au *singulier*, parce qu'il se rapporte à *Dieu* qui est du masculin et au singulier.

Les enfants OBÉISSANTS *font la joie de leurs parents.* Dites: QUI EST *obéissants?* Rép. *les enfants. Obéissants* est au *masculin* et au *pluriel*, parce qu'il qualifie *enfants* qui est du masculin et au pluriel.

La femme FIDÈLE. Dites : QUI EST *fidèle?* Rép. *la femme. Fidèle* est au *féminin* et au *singulier*, parce qu'il qualifie *femme* qui est du féminin et au singulier.

Les femmes FIDÈLES. Dites : QUI EST *fidèles?* Rép. *les femmes. Fidèles* est au *féminin* et au *pluriel*, parce qu'il qualifie *femmes*, qui est du féminin et au pluriel.

13me Leçon.

45. L'adjectif n'a par lui-même ni *genre* ni *nombre*; mais comme il sert à qualifier les personnes et les choses, il prend le *genre* et le *nombre* de la personne ou de la chose à laquelle il donne sa qualité. Ex.:

Un petit garçon *instruit*, une petite fille *instruite;* des petits garçons *instruits*, des petites filles *instruites.*

46. On ajoute un *e muet* à l'adjectif qui qualifie un substantif féminin.

ADJECTIFS MASCULINS.		ADJECTIFS FÉMININS.	
Un homme	prudent. poli. corrompu. sensé. pris. blond.	Une femme	prudent*e*. poli*e*. corrompu*e*. sensé*e*. pris*e*. blond*e*.

47. Tout adjectif qui finit par un *e* muet au masculin ne change point au féminin : on l'appèle adjectif de tout genre. Exemple :

Un homme ou une femme *affable*.
Un homme ou une femme *agréable*.
Un homme ou une femme *utile*.

EXERCICES SUR LA FORMATION DU FÉMININ DANS LES ADJECTIFS.

PREMIER EXERCICE. Un personne obligeant, un fille caressant, un personne honnête et poli, un fille indulgent, un personne prudent, un fille exigent, un personne dissimulé et négligent, un fille violent et colère, un personne vrai, humain, adroit, un fille exact, utile et propre.

DEUXIÈME EXERCICE. Un personne hautain et méchant, un fille noir et médisant, un personne pauvre et ruiné, un fille petit et laid, un personne gai et amusant, un fille battu et frappé, un personne sage et instruit, un fille noyé et mort, un personne réservé et soumis, un fille affligé et attendri.

14me Leçon.

EXCEPTIONS SUR LA FORMATION DU FÉMININ DANS LES ADJECTIFS.

48. On double la dernière consonne, en ajoutant un *e muet* pour former le *féminin*, dans les adjectis terminés au *masculin* par

	MASCULIN.	FÉMININ.
EL,	comme cru*el*,	qui fait cruel*le*.
EIL,	——— verme*il*,	——— vermeil*le*.
UL,	——— n*ul*,	——— nul*le*.
OL,	——— f*ol*,	——— fol*le*.
AS,	——— b*as*,	——— bas*se*.
ES,	——— expr*ès*,	——— expres*se*.
OS,	——— gr*os*,	——— gros*se*.
ON,	——— frip*on*,	——— fripon*ne*.
IEN,	——— anc*ien*,	——— ancien*ne*.
OT,	——— vieill*ot*,	——— vieillot*te*.
ET,	——— cad*et*,	——— cadet*te*.

49. Pourtant *concret*, *complet*, *discret*, *prêt*, *inquiet*, *replet*, font: *concrète*, *complète*, *discrète*, *prête*, *inquiète*, *replète*; *ras* fait *rase*.

50. On écrit au masculin *bel*, *nouvel*, *fol*, *mol*, au lieu de *beau*, *nouveau*, *fou*, *mou*, quand ces adjectifs sont placés avant un mot qui commence par une voyelle ou un *h* muet: bel *arbre*, nouvel *habit*, fol *espoir*, mol *ami*.

15me Leçon.

51. Dans les adjectifs terminés au masculin par *f*, comme *veuf*, *vif*, *bref*, on change le *f* en *ve* pour former le féminin : un homme *veuf*, *vif*, *bref*; une femme *veuve*, *vive*, *brève*.

52. Dans les adjectifs terminés par *c* au masculin, comme *public*, *caduc*, *franc*, on change le *c* en *que* ou en *che* : un homme *public*, *caduc* ; une place *publi*QUE ; une femme *cadu*QUE : un homme *blanc*, *franc*, *sec*; une femme *blan*CHE, *fran*CHE, *sè*CHE.

53. Dans les adjectifs terminés au masculin par *x*, on change *x* en *se* : *honteux*, *honteuse*; *jaloux*, *jalouse*. Cependant *doux* fait *douce* ; *roux* fait *rousse* ; *vieux* fait *vieille* ; *faux* fait *fausse*.

54. Dans les adjectifs terminés par *ier*, comme *fier*; ou *er*, comme *berger*, on forme le féminin en ajoutant un *e* muet, et mettant un accent grave sur l'*e* qui précède la lettre *r*: un homme *fier*, une femme *fière* ; *berger*, *bergère*.

55. *Malin* fait *maligne; benin, benigne; long, longue; tiers, tierce; frais, fraiche; favori, favorite; pourri, pourrie; serviteur, servante; géant, géante; coi, coite; gentil, gentille.*

16me Leçon.

56. Dans les adjectifs terminés au singulier par *teur*, comme *flatteur*, *facteur*, ou par *eur*, comme *trompeur*, on forne le féminin en *euse* on en *trice.*

Quand on peut changer *eur* en *ant*, l'adjectif a sa terminaison au féminin en *euse;* ainsi *flatteur* fait *flatteuse*, parce qu'on peut dire *flatt*ANT; *fileur* fait *fileuse*, parce qu'on peut dire *fil*ANT; *chanteur* fait *chanteuse*, parce qu'on peut dire *chant*ANT.

On forme le féminin en *trice*, quand on ne peut pas changer *eur* en *ant;* ainsi *facteur* fait *factrice*, parce qu'on ne peut pas dire *fact*ANT; *adulateur* fait *adulatrice*, parce qu'on ne peut pas dire *adulat*ANT; *cantateur* fait *cantatrice*, parce qu'on ne peut pas dire *cantat*ANT.

Cependant *exécuteur*, *persécuteur*, *débiteur*, *inspecteur* et *inventeur*, font *exécutrice*, *débitrice*, etc., quoiqu'on dise bien : *exécutant*, *persécutant*, *débitant*, etc.

57. *Pécheur* (qui fait des péchés), *enchanteur*, *défendeur*, *vendeur*, font *pécheresse*, *enchanteresse*, *défendresse*, *vendresse*.

58. Quelques substantifs, comme soldat, artisan, partisan, borgne, censeur, écrivain, poète, imprimeur, orateur, peuvent devenir adjectifs; dans ce cas, ils s'écrivent au masculin comme au féminin.

59. Les adjectifs *agresseur*, *imposteur*, *fat*, *rosat* (miel), *châtain*, ne s'emploient pas au féminin. *Antérieur*, *supérieur*, font *antérieure*, *supérieure*.

17me Leçon.

60. On forme le pluriel dans les adjectifs en ajoutant un *s* au singulier: *un homme grand, des hommes grands; le bon père, les bons pères.*

61. Les adjectifs terminés au singulier par *s* ou

par *x*, ne changent point au pluriel masculin : *un homme gros*, *des hommes gros*; *un homme heureux*, *des hommes heureux*.

62. On met un *x* au pluriel dans les adjectifs terminés par *au*; un *beau* cheval, de *beaux* chevaux.

63. Dans la plupart des adjectifs terminés par *al* au singulier, comme *libéral*, on change *al* en *aux*: un bien *féodal*, des biens *féodaux*; un homme *égal*, des hommes *égaux*.

64. Cependant on ajoute un *s* au pluriel masculin des adjectifs *nazal*, *fatal*, *filial*, *pascal*, *conjugal*, *théâtral*, *central*, *final*, etc. : des sons *nazals*, des instants *fatals*.

65. Quand un adjeclif qualifie deux substantifs singuliers, on met cet adjectif au pluriel : le roi et le berger sont *égaux* après la mort. *Egaux* est au pluriel, parce qu'il qualifie *roi* et *berger*.

66. On met encore l'adjectif au masculin et au pluriel, quand il qualifie deux substantifs de différents genres : ton *frère* et ta *sœur* sont *chéris* et *estimés*.

67. On met l'adjectif an féminin et au pluriel, quand il qualifie deux substantifs féminins : *la figure et la tête enflées*.

EXERCICES SUR LE SUBSTANTIF, L'ARTICLE ET L'ADJECTIF (1).

Premier exercice. L'enfant gai, la sœur chéri, le maître patient, la maîtresse patient, la table rond, la robe bleu, le livre utile, la plume taillé, mon couteau perdu, ma leçon récité, l'appartement éclairé, la chambre obscure et noire.

Deuxième exercice. Le voyageur fatigué, une brillant nuit, le peuple inconstant, la province ruiné et pillé, le rocher escarpé, le mur construit, la maison construite et commode, la muraille ébranlé et fondu, le précipice effrayant, la fosse profond et effrayant.

Troisième exercice. L'élève studieux, instruit et sage, la petit fille studieux, instruit et sage, un

(1) On fera aussi traduire ces exercices par le pluriel.

enfant enjoué et amusant, ta sœur enjoué et amusant, une maison blanchi et peint, un homme emporté et bizarre, une femme emporté et bizarre, la femme retenu et soumis, ma sœur trompé, affligé et perdu.

18me Leçon.

68. On distingue dans les adjectifs trois degrés de signification :

1°. Le positif, qui énonce la qualité sans comparaison : *enfant sage, homme aimable.*

2°. Le comparatif, qui énonce la qualité avec comparaison. Il y a trois comparatifs.

Le comparatif d'*égalité* : Paul est *aussi sage* que Jules.

Le comparatif de *supériorité* : Paul est *plus sage* que Jules.

Le comparatif d'*infériorité* : Paul est *moins sage* que Jules.

3°. Le superlatif, qui énonce la qualité portée à un suprême degré. Il y a deux superlatifs. Paul est *très sage*, *fort sage*, *extrêmement sage*, est le superlatif *absolu*; on le forme avec les mots *très*, *fort*, *extrêmement*. On forme le superlatif relatif avec les mots *le plus*, *la plus*, *le moins*, *la moins* : Paul est *le plus sage*, Jules est *le moins sage*.

69. On dit *meilleur* au lieu de *plus bon*; *moindre* au lieu de *plus petit*; *pire* au lieu de *plus mauvais* : cette pêche est *meilleure que l'autre*; cette somme est *moindre que la tienne*; ce vin est *pire que le mien*.

EXERCICES SUR LES DIFFICULTÉS DE L'ADJECTIF.

PREMIER EXERCICE. Sa (1) trompeur entreprise,

(2) Au pluriel *ses*. On distingue *ces* de *ses*, en ce que *ces* sert à démontrer les objets dont on parle, et qu'il ne peut pas se tourner par *de lui*, *d'elle*; tandis que *ses* marque une possession, et qu'il peut se tourner par *de lui*, *d'elle*, *d'eux* CES *plumes sont à Ernest*. Ici *ces* sert à démontrer les plumes. Où est Ernest, voici *ses* plumes. Ici *ses* sert à marquer la possession, les plumes *de lui*, dont il est le possesseur.

la phrase attributif, l'analyse minutieux, la voix fort et sonore, une justification personnel et important, la faux ponctuation, la leçon négligé, reconnu essentiel, l'analyse grammatical, la femme flatteur, donc, insinuant, séditieux, aux paroles malins (1).

DEUXIÈME EXERCICE. Un sentiment filial, ce discours brutal, la nécessité ingénieux, ma meilleur grammaire, ton opinion erroné et subversif, ton madrigal sentimental, fastidieux et insipide, ma parole bref et tranchant, ta vieil routine redressé, la faux et noir calomnie, la singulier et triste aventure.

TROISIÈME EXERCICE. Ton sentiment original, hardi et animé, vif et indépendant, un esprit étroit, profond, une imagination étroit, profond, la statue grèc brûlé sur la place public, la spirituel madame de Sévigné, une proposition conjonctif, le vieil arsenal.

QUATRIÈME EXERCICE. Un verbe anomal, une forme nouvel, le critique impartial, ton ancien méthode, ta mine fripon, la troupe victorieux, un partage égal, la méthode universel, l'enseignement mutuel, notre école mutuel, un instant fatal, ton dîner frugal, une femme partisanne et orateur.

CINQUIÈME EXERCICE. Une lumière vif et rayonnant, un principe libéral, un lien conjugal, une forme distinctif, une expression neuf, combattu et renversé, une personne querelleux, une femme conservateur, une forme accusateur, une vieille radoteux indiscret, ton affaire franc et loyal, une discussion perpétuel et protecteur.

SIXIÈME EXERCICE. Ta malin observation, une robe long et bleu, une raison positif et rationnel, une femme ancien et coquet, une femme débiteur et opérateur, cette fleur artificiel et fané, la flotte turc a vaincu la flotte grec, un conte moral et récréatif, le pays méridional et chaud, la province méridional et chaud.

---

(1) Pour se servir avantageusement de ces exercices, voyez l'ART D'ENSEIGNER LA GRAMMAIRE FRANÇAISE, du même auteur.

AUTRES EXERCICES (*à traduire par le pluriel*).

PREMIER EXERCICE. Le léopard aussi féroce que le tigre, la rivière aussi profond que le lac, la rose plus beau que la tulipe, la louve plus cruel que la lionne, ton plus fidèle ami, cette province moins étendu que la nôtre, la fortune moins sûr que la science, l'armée fort nombreux.

DEUXIÈME EXERCICE. Le plus cruel empereur, la plus cruel loi, le soldat plus instruit que l'officier, l'onde très-agité, le jardin moins grand et plus uni que la cour, la sœur moins audacieux, plus vif et plus spirituel que son frère, le journal très-impartial, le loup aussi malin que le renard.

CHAPITRE QUATRIÈME.

19me Leçon.

DU PRONOM.

70. Tout mot qui représente un substantif, pour en éviter la répétition, est un pronom. Exemple:

Mon père est malade, IL *en mourra.*

Le mot IL est un pronom, 1° parce qu'il représente le substantif *père;* 2° parce qu'il sert à éviter la répétition de ce substantif. Sans le secours du mot IL, j'aurais été obligé de dire : *mon* PÈRE *est malade*, MON PÈRE *en mourra.*

Cette table est petite, mais ELLE *est solide.*

Le mot ELLE représente le substantif *table;* donc ELLE est un pronom.

71. Il y a six sortes de pronoms : les *personnels*, les *démonstratifs*, les *possessifs*, les *relatifs*, les *interrogatifs* et les *indéfinis*.

20me Leçon.

72. Les pronoms *personnels* sont ceux qui désignent plus particulièrement les personnes. Ils sont toujours sujets ou compléments des verbes.

73. Il y a trois personnes : la première est *celle* qui parle d'elle-même : *moi*, *je* désire vous voir. La seconde est *celle* à qui l'on parle d'elle-même : *toi*, *tu* désires me voir. La troisième est *celle* de qui l'on parle : *lui*, *il* désire me voir.

TABLEAU DES PRONOMS PERSONNELS.

74. Première personne. *Je*, *me*, *moi*, pour le singulier. *Nous*, pour le pluriel.

Seconde personne. *Tu*, *te*, *toi*, pour le singulier. *Vous*, pour le pluriel. *Ces pronoms sont des deux genres.*

Troisième personne. *Il*, *lui*, *le*, *leur*, pour le masculin singulier.

Elle, *la*, *leur*, pour le féminin singulier.

Ils, *eux*, *les*, pour le masculin pluriel.

Elles, *les*, pour le féminin pluriel.

Se, *soi*, sont des deux genres et des deux nombres.

21me Leçon.

75. Remarque. *Le*, *la*, *les* sont *articles* quand ils se trouvent placés avant un substantif : *le père*, *la mère*, *les villages* ; ils sont pronoms quand ils représentent un substantif ; alors ils sont ordinairement placés avant un verbe : cet homme, je LE connais, *le* représente *homme* ; ma mère est bonne je LA chéris, *la* représente *mère* ; j'aime les sciences, je LES cultive, *les* représente *sciences*.

76. *En* et *y* sont pronoms personnels, quand ils représentent les choses dont on parle ; alors le premier signifie *de lui*, *d'elle* ; le second signifie *à cette chose*,

à ces choses : connaissez-vous Ernest? Oui, j'EN parle. Ici *en* signifie je parle *de lui.* Etudiez-vous l'histoire? Oui, je m'Y applique. Ici *y* signifie *à cette chose*, à l'histoire.

77. Les pronoms personnels *je, tu, il, ils* sont toujours employés comme sujets. Les pronoms *me, te, se, soi, le, la, les, en, y, que, qui, dont, ou* sont toujours employés comme compléments. Les pronoms *lui, elle, eux, elles, nous, vous, celui, celle, ceux, celles, ceci, cela,* sont tantôt sujets et tantôt compléments.

22me Leçon.

78. Les pronoms démonstratifs sont ceux qui servent à démontrer les personnes ou les choses dont on parle. Ces pronoms sont :

SINGULIER.		PLURIEL.	
Masculin.	*Féminin.*	*Masculin.*	*Féminin.*
Celui.	Celle.	Ceux.	Celles.
Celui-ci.	Celle-ci.	Ceux-ci.	Celles-ci.
Celui-là.	Celle-là.	Ceux-là.	Celles-là.

Ce, ceci, cela, des deux genres.

79. REMARQUE. *Celui-ci, celle-ci* s'emploient pour désigner des choses proches; et *celui-là, celle-là,* pour désigner des choses éloignées.

80. Les pronoms possessifs sont ceux qui représentent un substantif en même temps qu'ils en marquent la possession. Ces pronoms sont :

SINGULIER.		PLURIEL.	
Masculin.	*Féminin.*	*Masculin.*	*Féminin.*
Le mien.	La mienne.	Les miens.	Les miennes.
Le tien.	La tienne.	Les tiens.	Les tiennes.
Le sien.	La sienne.	Les siens.	Les siennes.
Le nôtre.	La nôtre.	*Des deux genres.*	
Le vôtre.	La vôtre.		
Le leur.	La leur.	Les nôtres, les vôtres, les leurs.	

81. On met un accent circonflexe sur l'*ô* dans *nôtre, vôtre,* quand ces mots sont placés après un arti-

ele : ce château est *le nôtre*, celui-ci est *le vôtre*; ces propriétés sont *les nôtres*, et non *les vôtres*. Les pronoms possessifs s'analysent en un seul mot.

25me Leçon.

82. Les pronoms *relatifs* sont ceux qui ont un rapport intime à un substantif qui les précède. Ces pronoms sont *qui*, *que*, *quoi*, *à quoi*, *dont*, *d'où*, *lequel*, *laquelle*, *lesquels*, *lesquelles*.

Les pronoms relatifs s'accordent avec leur antécédent. On appèle antécédent le mot auquel se rapporte le pronom. Exemple : *l'enfant* QUI étudie deviendra savant. *Qui* est au masculin singulier, parce qu'il se rapporte au mot *enfant*, *son antécédent*, qui est du masculin et au singulier. *Les femmes* QUE tu as entendues chanter. *Que* est au féminin pluriel, parce qu'il se rapporte à *femmes*, *son antécédent*, qui est du féminin et au pluriel.

Les pronoms *qui*, *que*, *dont*, *d'où*, sont des deux genres et des deux nombres.

83. Les pronoms interrogatifs sont ceux qui servent à interroger. Ces pronoms sont *Qui ? Que ? Quoi ? A quoi ? Le quel ? La quelle ?* Exemples: *Qui* vous a dit cela ? *Que* réclamez-vous ? *A quoi* pensez-vous ? *Quel* homme ou *quelle* femme vous a dit cela ?

84. Les pronoms interrogatifs *lequel ? Laquelle ? Duquel ? Auquel ?* s'écrivent en deux mots; quand ces pronoms sont relatifs, ils s'écrivent en un seul mot.

85. Les pronoms *indéfinis* sont *on*, *quiconque*, *autrui*, *chacun*, *tout*, *rien*, *quelqu' un*, *personne*, *quelque*, *l'un*, *l'autre*, *qui que ce soit*, *quoique ce soit*. Ces pronoms seraient plus justement appelés substantif indéterminés.

EXERCICES SUR LE SUBSTANTIF, SUR L'ARTICLE, SUR L'ADJECTIF ET SUR LE PRONOM, *à corriger au singulier, et à traduire ensuite par le pluriel.*

PREMIER EXERCICE. Cet homme est savant, il sera

estimé de notre société. Ta sœur et la mien sont naïf et spirituel, elle étaient chéri dans leur pension. Ce bien est le vôtre, celui-ci est le nôtre, il nous sont échu en partage. Mon habit est plus moderne que le tien, il est neuf.

DEUXIÈME EXERCICE. Ta propriété est à toi, la mien est à moi, elle m'est échu en mariage; elle est d'un grand rapport. Cette marchandise est bien bel, elle sera vendu aujourd'hui; la tien n'est pas aussi avantageux, elle est moins frais. Cet oiseau est superbe, il est très-estimé.

TROISIÈME EXERCICE. Cette maison est plus grand que la tien, elle sera loué à ton ami; la nôtre sera embelli. Ton ami est parti avec le mienne qui est fort triste. Quelle servante as-tu vu à la porte. Mon oreille sera frappé d'un son agréable; la tien le sera aussi. Cette petite fille, qui est si malheureux, est très-bon.

QUATRIÈME EXERCICE. Ce cheval n'est pas aussi beau que le nôtre, il sera conduit à la foire où il sera vendu. Sa figure est très-spirituel, elle est enchanteur. Cette lampe est éteint et fini, elle était brillant. Ton gâteau est plus gros que le mienne. Ta tourte est plus gros que la mien, elle est mieux cuit et plus gras.

CINQUIÈME EXERCICE. Ton beau habit bleu est plus joli que le mienne, il sera plus apparent. Cette petite louve est traître et vindicati, elle est originair des Pyrénées; elle sera malin et adroit. Cet vilain voiture est gênant, elle est très-grossier et lourd. Ce beau local est détruit, il fut brûlé Cet nombreux colonie est productif, les mœurs y sont corrompu et dépravé.

SIXIÈME EXERCICE. Cette table est brisé, elle sera remis à neuf. Jules est aimable, il est studieux. Julie est charmant, elle est acteur au théâtre; elle sera loué des spectateurs et des spectateuses. Ce fruit est mûr, il est très-bon. Cette femme est fort spirituel, elle sera recherché; ses qualités, ses grâces plaisent.

CHAPITRE CINQUIÈME.

24me Leçon.

DU VERBE.

86. Le verbe est un mot qui exprime ou l'*état* dans lequel est le sujet, ou l'*action* qu'il fait.

Quand le verbe exprime l'état dans lequel est le sujet, c'est le *verbe d'*ÉTAT; comme : *être chéri*, je suis chéri; *être loué*, je suis loué; *être gai*, je suis gai; *être affable*, je suis affable.

Quand le verbe exprime *l'action* que le sujet fait, c'est le *verbe d'*ACTION; comme *manger*, je mange; *courir*, je cours; *boire*, je bois; *sourire*, je souris.

Dans *je cours*, COURS exprime l'action qui est faite par *je; tu mangeas*, MANGEAS exprime l'action qui est faite par *tu; nous buvions*, BUVIONS exprime l'action qui est faite par *nous; vous marcherez*, MARCHEREZ exprime l'action qui est faite par *vous*.

C'est ce qu'on appèle TEMPS, soit *présent*, comme *je cours;* soit *passé*, comme *tu mangeas;* soit *futur*, comme *vous mangerez*.

87. Tout mot qu'on peut placer après NE PAS, ou entre NE....et....PAS est un verbe; *chanter*, *sonner*, *venir*, *finir*, *voir*, *recevoir*, *rire*, *battre*, *tordre*, *joindre*, sont des verbes, parce que je puis dire : NE PAS *chanter*, NE PAS *finir*, etc.; ou encore : tout mot qu'on peut mettre après *je*, *tu*, *il*, *elle*, *nous*, *vous*, est un verbe; *rire* est un verbe, parce qu'on peut dire : *il rit*, *tu ris*, *vous riez*, etc.

25me Leçon.

DU SUJET DU VERBE.

88. Le sujet du verbe est l'*être* qui est dans l'*état*

que le verbe exprime (pour les verbes d'état), ou qui fait l'*action* que le verbe exprime (pour les verbes d'action). Exemple : *Le cygne est blanc*. Le sujet *cygne* est dans cet *état*: *Le cygne nage*. Le sujet *cygne* fait l'*action* de *nager*.

89. On reconnaît le sujet d'un verbe en faisant la question *qui fait l'action de?....* et en ajoutant à cette question le verbe dont on veut connaître le sujet. Exemples : *Le maître corrige* les devoirs. *Qui fait l'action de corriger ?* Réponse, le *maître ;* voilà le sujet du verbe *corriger*. *Nous marquons*. Qui fait l'action de marquer ? *Nous*, sujet de marquons.

90. Le sujet d'un verbe est ou un substantif, ou un pronom, ou un infinitif.

91. Tout verbe dont le sujet est *singulier*, est aussi *singulier*. Tout verbe dont le sujet est *pluriel*, est aussi au *pluriel*. Tout verbe dont le sujet est de la première personne, est aussi à la première personne. Tout verbe dont le sujet est de la seconde personne, est aussi à la seconde personne. Tout verbe dont le sujet est de la troisième personne, est aussi à la troisième personne.

Je chante, CHANTE est à la première pers. sing., parce que *je*, son sujet, est de la première personne sing.

Nous chantons, CHANTONS est à la première pers. plur., parce que *nous*, son sujet, est de la première pers. plur.

92. *Je*, *nous*, marquent la première personne, celle qui parle.

Tu, *vous*, marquent la seconde personne, celle à qui l'on parle.

Il, *elle*, *ils*, *elles*, et tout substantif placé avant un verbe, marquent la troisième personne, celle de qui l'on parle.

26me Leçon.

93. Il y a trois temps principaux dans les verbes :

1° le PRÉSENT qui marque que la chose se fait dans le moment où l'on parle : *je marche* est au présent (l'action de marcher se fait au moment où l'on parle).

2° Le PASSÉ ou *prétérit*, qui marque que la chose a été faite : *j'ai lu* (l'action de lire est passée).

3° Le FUTUR, qui marque que la chose se fera : *je lirai* (l'action de lire se fera).

94. Les temps des verbes sont *simples* ou *composés*. Les temps *simples* sont ceux qui n'ont qu'un seul mot, non compris le pronom : *chanter*, *chantant*, *je chante*, *elle chanta*, *nous dînerons*. Les temps *composés* sont ceux qu'on exprime par plusieurs mots : *avoir chanté*, *nous avons bu*, *ils auraient dansé*.

95. Il y a aussi les temps *primitifs* et les temps *dérivés*. Les temps primitifs sont ceux qui servent à former les autres temps. Les temps dérivés sont ceux qui se forment des temps primitifs.

27me Leçon.

96. Il y a dans les verbes *cinq modes*, qui expriment les différentes inflexions que prend le verbe pour l'énonciation de nos pensées : 1° *L'infinitif*, qui exprime l'action ou l'état du sujet d'une manière vague, ce mode est le seul qui n'ait pas de personne. 2° *L'indicatif*, qui affirme que la chose *est*, qu'elle *a été* ou qu'elle *sera*. 3° *Le conditionnel*, qui exprime qu'une chose *serait* ou *aurait été* moyennant une condition. 4° *L'impératif*, qui exprime une *prière*, un *commandement*. 5° *Le subjonctif*, qui exprime un *doute*, un *souhait*, une *crainte*.

97. Ecrire ou réciter de suite les différents temps des verbes avec leurs nombres et leurs personnes, cela s'appèle conjuguer.

98. Il y a quatre conjugaisons différentes que l'on distingue par la terminaison du présent de l'infinitif.

Les verbes qui appartiènent à la première conjugaison ont le présent de l'infinitif terminé par ER, comme *chant* ER, *parl* ER, *sonn* ER.

Les verbes de la seconde conjugaison ont le présent de l'infinitif terminé par IR, comme *fin* IR, *ven* IR, *cour* IR.

Les verbes de la troisième conjugaison ont le présent de l'infinitif terminé par OIR, comme *dev* OIR, *pouv* OIR, *recev* OIR.

Les verbes de la quatrième conjugaison ont le présent de l'infinitif terminé par RE, comme *rend* RE, *cui* RE, *boi* RE, *joind* RE.

CONJUGAISON DES VERBES *ÊTRE* ET *AVOIR*.

INFINITIF (*premier mode*).

PRÉSENT.

Être *aimable*.	Avoir *soif*.

PRÉTÉRIT.

Avoir été *aimable*.	Avoir eu *soif*.

PARTICIPE PRÉSENT.

Étant *aimable*.	Ayant *soif*.

PARTICIPE PASSÉ.

Été (invariable).	Eu (variable).

INDICATIF (*deuxième mode*).

PRÉSENT.

Je sui s Tu e s Il es t	affable.	J'ai Tu a s Il a	faim.
Elle es t	affable.	Elle a	
Nous somme s Vous ête s Ils so nt	affables.	Nous av ons. Vous av ez Ils o nt	faim.
Elles so nt	affables.	Elles o nt	faim.

IMPARFAIT.

J'ét ais Tu ét ais Il ét ait		J'av ais Tu av ais Il av ait	soif.
Elle ét ait	absente.	Elle av ait	soif.
Nous ét ions Vous ét iez Ils ét aient	absents.	Nous av ions Vous av iez Ils av aient	soif.
Elles ét aient	absentes.	Elles avaient	soif.

PRÉTÉRIT DÉFINI.

Je fu s		J'eu s	
Tu fu s	honteux.	Tu eu s	raison
Il fu t		Il eu t	
Elle fu t	honteuse.	Elle eu t	raison.
Nous fû mes		Nous eû mes	
Vous fû tes	honteux.	Vous eû tes	raison.
Ils fu rent		Ils eu rent	
Elles fu rent.	honteuses.	Elles eu rent	raison.

PRÉTÉRIT INDÉFINI.

J'ai		J'ai	
Tu as	été rusé.	Tu as	
Il a		Il a	eu peur.
Elle a	été rusée.	Elle a	
Nous av ons		Nous av ons	
Vous av ez	été rusés.	Vous av ez	eu peur.
Ils ont		Ils ont	
Elles ont	été rusées.	Elles ont.	

PRÉTÉRIT ANTÉRIEUR.

J'eu s		J'eu s	
Tu eu s	été actif.	Tu eu s	
Il eu t		Il e ut	eu droit.
Elle eu t	été active.	Elle e ut	
Nous eûm es		Nous eûm es	
Vous eût es.	été actifs.	Vous eût es	eu droit.
Ils eur ent		Ils eur ent	
Elles eur ent	été actives.	Elles eur ent	

PLUSQUE PARFAIT

J'av ais		J'av ais	
Tu av ais	été averti.	Tu av ais	
Il av ait		Il av ait	eu tort.
Elle a vait	été avertie.	Elle av ait	
Nous av ions		Nous av ions	
Vous av iez	été avertis.	Vous av iez	eu tort.
Ils av aient		Ils av aient	
Elles av aient	été averties.	Elles av aient	

FUTUR SIMPLE.

Je ser ai		J'aur ai	
Tu se r as	épris.	Tu aur as	
Il ser a		Il aur a	satisfaction.
Elle ser a	éprise.	Elle aur a	
Nous ser ons		Nous aur ons	
Vous ser ez	épris.	Vous aur ez	satisfaction.
Ils ser ont		Ils aur ont	
Elles ser ont	éprises.	Elles aur ont	

FUTUR PASSÉ.

J'aurai		J'aurai	
Tu auras	été égal.	Tu auras	eu horreur.
Il aura		Il aura	
Elle aura	été égale.	Elle aura	
Nous aurons		Nous aurons	
Vous aurez	été égaux.	Vous aurez	eu horreur.
Ils auront		Ils auront	
Elles auront	été égales.	Elles auront.	

CONDITIONNEL (*troisième mode*).

PRÉSENT *ou* FUTUR.

Je ser ais		J'aur ais	
Tu ser ais	éternel.	Tu aur ais	confiance.
Il ser ait		Il aur ait	
Elle ser ait	éternelle.	Elle aur ait	
Nous ser ions		Nous aur ions	
Vous ser iez	éternels.	Vous aur iez	confiance.
Ils ser aient		Ils aur aient	
Elles ser aient	éternelles.	Elles aur aient	

PASSÉ.

J'aurais		J'aurais	
Tu aurais	été ingrat.	Tu aurais	eu espérance
Il aurait		Il aurait	
Elle aurait	été ingrate.	Elle aurait	
Nous aurions		Nous aurions	
Vous auriez	été ingrats.	Vous auriez	eu espérance
Ils auraient		Ils auraient	
Elles auraient	été ingrates.	Elles auraient	

ON DIT AUSSI :

J'eusse		J'eusse	
Tu eusses	été acteur.	Tu eusses	eu croyance.
Il eût		Il eût	
Elle eût	été actrice.	Elle eût	
Nous eussions		Nous eussions	
Vous eussiez	été acteurs.	Vous eussiez	eu croyance.
Ils eussent		Ils eussent	
Elles eussent	été actrices.	Elles eussent	

IMPÉRATIF (*quatrième mode*).

Soi s		Aie	
Qu'il soi t	prompt.	Qu'il ait	pitié.
Qu'elle soi t	prompte.	Qu'elle ait	
Soy ons		Ay ons	
Soy ez	prompts.	Ay ez	pitié.
Qu'ils soi ent		Qu'ils aient	
Qu'elles soi ent	promptes.	Qu'elles ai ent	

SUBJONCTIF (*cinquième mode*).

PRÉSENT *ou* FUTUR.

Il faut, il faudra

Que je sois		Que j'aie	
Que tu sois	aperçu.	Que tu aies	ordre.
Qu'il soit		Qu'il ait	
Qu'elle soit	aperçue.	Qu'elle ait	
Que nous soyons		Que nous ayons	
Que vous soyez	aperçus.	Que vous ayez	ordre.
Qu'ils soient		Qu'ils aient	
Qu'elles soient	aperçues.	Qu'elles aient	

IMPARFAIT.

Il fallait, il fallut, il a fallu, il faudrait, etc.

Que je fusse		Que j'eusse	
Que tu fusses	danseur.	Que tu eusses	compassion.
Qu'il fût		Qu'il eût	
Qu'elle fût	danseuse.	Qu'elle eût	
Que nous fussions		Que nous eussions	
Que vous fussiez	danseurs.	Que vous eussiez	compassion.
Qu'ils fussent		Qu'ils eussent	
Qu'elles fussent	danseuses.	Qu'elles eussent	

PRÉTÉRIT.

Il faut.

Que j'aie		Que j'aie	
Que tu aies	été muet.	Que tu aies	eu opinion.
Qu'il ait		Qu'il ait	
Qu'elle ait	été muette.	Qu'elle ait	
Que nous ayons		Que nous ayons	
Que vous ayez	été muets.	Que vous ayez	eu opinion.
Qu'ils aient		Qu'ils aient	
Qu'elles aient	été muettes.	Qu'elles aient	

PLUSQUE PARFAIT.

Que j'eusse		Que j'eusse	
Que tu eusses	été discret.	Que tu eusses	eu idée.
Qu'il eût		Qu'il eût	
Qu'elle eût	été discrète.	Qu'elle eût	
Que nous eussions		Que nous eussions	
Que vous eussiez	été discrets.	Que vous eussiez	eu idée.
Qu'ils eussent		Qu'ils eussent	
Qu'elles eussent	été discrètes	Qu'elles eussent	

(*Voir le Tableau*).

99. On appèle verbes irréguliers les verbes qui ne suivent pas toujours la règle général des conjugaisons.

(Page 28 de la Grammaire populaire).

TABLEAU-MODÈLE DES QUATRE CONJUGAISONS.

FORMATION DES TEMPS.				
INFINITIF. (*Premier Mode.*)				
PRÉSENT.				
Temps simple et primitif.	Chant *er*.	Fin *ir*.	Recev *oir*.	Rend *re*.
PASSÉ.				
N° 1. Temps composé du présent de l'infinitif du verbe *avoir*, et du participe passé du verbe que l'on conjugue.	Avoir chant *é*.	Avoir fin *i*.	Avoir reç *u*.	Avoir rend *u*.
PARTICIPE PRÉSENT.				
Temps simple et primitif.	Chant *ant*.	Finiss *ant*.	Recev *ant*.	Rend *ant*.
PARTICIPE PASSÉ.				
2. Temps simple et primitif.	Chant *é*, chant *ée*. Ayant chant *é*	Fin *i*, fin *ie*. Ayant fin *i*.	Reç *u*, reç *ue*. Ayant reç *u*.	Rend *u*, rend *ue*. Ayant rend *u*.
INDICATIF. (*Deuxième mode.*)				
PRÉSENT.				
3. Temps simple et primitif au singulier, dérivé au pluriel, parce qu'il est formé du participe présent par le changement de ANT en *ons*, *ez*, *ent*.	Je chant *e*. Tu chant *es*. Il chant *e*. Elle chant *e*. Nous chant *ons*. Vous chant *ez*. Ils chant *ent*. Elles chant *ent*.	Je fini *s*. Tu fini *s*. Il fini *t*. Elle fini *t*. Nous finiss *ons*. Vous finiss *ez*. Ils finiss *ent*. Elles finiss *ent*.	Je reçoi *s*. Tu reçoi *s*. Il reçoi *t*. Elle reçoi *t*. Nous recev *ons*. Vous recev *ez*. Ils reçoiv *ent*. Elles reçoiv *ent*.	Je rend *s*. Tu rend *s*. Il rend. Elle rend. Nous rend *ons*. Vous rend *ez*. Ils rend *ent*. Elles rend *ent*.
IMPARFAIT.				
4. Temps simple et dérivé du participe présent par le changement de ANT en *ais*, *ais*, *ait*, *ions*, *iez*, *aient*.	Je chant *ais*. Tu chant *ais*. Il chant *ait*. Elle chant *ait*. Nous chant *ions*. Vous chant *iez*. Ils chant *aient*. Elles chant *aient*.	Je finiss *ais*. Tu finiss *ais*. Il finiss *ait*. Elle finiss *ait*. Nous finiss *ions*. Vous finiss *iez*. Ils finiss *aient*. Elles finiss *aient*.	Je recev *ais*. Tu recev *ais*. Il recev *ait*. Elle recev *ait* Nous recev *ions*. Vous recev *iez*. Ils recev *aient*. Elles recev *aient*.	Je rend *ais*. Tu rend *ais*. Il rend *ait*. Elle rend *ait*. Nous rend *ions*. Vous rend *iez*. Ils rend *aient*. Elles rend *aient*.
PRÉTÉRIT DÉFINI.				
5. Temps simple et primitif, parce qu'il forme l'imparfait du subjonctif par le changement de AI en *asse*, pour les verbes de la première conjug., et par l'addition de *se* pour les autres conjugais.	Je chant *ai*. Tu chant *as*. Il chant *a*. Elle chant *a*. Nous chant *âmes*. Vous chant *âtes*. Ils chant *èrent*. Elles chant *èrent*	Je fin *is*. Tu fin *is*. Il fin *it*. Elle fin *it*. Nous fin *îmes*. Vous fin *îtes*. Ils fin *irent*. Elles fin *irent*.	Je reç *us*. Tu reç *us*. Il reç *ut*. Elle reç *ut*. Nous reç *ûmes*. Vous reç *ûtes*. Ils reç *urent*. Elles reç *urent*.	Je rend *is*. Tu rend *is*. Il rend *it*. Elle rend *it*. Nous rend *îmes*. Vous rend *îtes*. Ils rend *irent*. Elles rend *irent*.
PRÉTÉRIT INDÉFINI.				
6. Temps composé du présent de l'indicatif du verbe *avoir*, et du participe passé du verbe que l'on conjugue.	J'ai Tu as Il a Elle a Nous avons Vous avez Ils ont Elles ont } chant *é*.	J'ai Tu as Il a Elle a Nous avons Vous avez Ils ont Elles ont } fin *i*.	J'ai Tu as Il a Elle a Nous avons Vous avez Ils ont Elles ont } reç *u*.	J'ai Tu as Il a Elle a Nous avons Vous avez Ils ont Elles ont } rend *u*.
PRÉTÉRIT ANTÉRIEUR.				
7. Temps composé du prétérit défini du verbe *avoir*, et du participe passé du verbe que l'on conjugue.	J'eus Tu eus Il eut Elle eut Nous eûmes Vous eûtes Ils eurent Elles eurent } chant *é*.	J'eus Tu eus Il eut Elle eut Nous eûmes Vous eûtes Ils eurent Elles eurent } fin *i*.	J'eus Tu eus Il eut Elle eut Nous eûmes Vous eûtes Ils eurent Elles eurent } reç *u*.	J'eus Tu eus Il eut Elle eut Nous eûmes Vous eûtes Ils eurent Elles eurent } rend *u*.
PLUSQUE-PARFAIT.				
8. Temps composé de l'imparfait de l'indicatif du verbe *avoir*, et du participe passé du verbe que l'on conjugue.	J'avais Tu avais Il avait Elle avait Nous avions Vous aviez Ils avaient Elles avaient } chant *é*.	J'avais Tu avais Il avait Elle avait Nous avions Vous aviez Ils avaient Elles avaient } fin *i*.	J'avais Tu avais Il avait Elle avait Nous avions Vous aviez Ils avaient Elles avaient } reç *u*.	J'avais Tu avais Il avait Elle avait Nous avions Vous aviez Ils avaient Elles avaient } rend *u*.
FUTUR SIMPLE.				
9. Temps simple et dérivé, parce qu'il est formé du présent de l'infinitif, par l'addition de AI, pour les trois premières conjugaisons, et par le changement de *re* en *rai* pour la quatrième.	Je chant *erai*. Tu chant *eras*. Il chant *era*. Elle chant *era* Nous chant *erons*. Vous chant *erez*. Ils chant *eront*. Elles chant *eront*.	Je fini *rai*. Tu fini *ras*. Il fini *ra*. Elle fini *ra*. Nous fini *rons*. Vous fini *rez*. Ils fini *ront*. Elles fini *ront*.	Je recev *rai*. Tu recev *ras*. Il recev *ra*. Elle recev *ra*. Nous recev *rons*. Vous recev *rez*. Ils recev *ront*. Elles recev *ront*.	Je rend *rai*. Tu rend *ras*. Il rend *ra*. Elle rend *ra*. Nous rend *rons*. Vous rend *rez*. Ils rend *ront*. Elles rend *ront*.
FUTUR PASSÉ.				
10. Temps composé du futur simple du verbe *avoir*, et du participe passé du verbe que l'on conjugue.	J'aurai Tu auras Il aura Elle aura Nous aurons Vous aurez Ils auront Elles auront } chant *é*.	J'aurai Tu auras Il aura Elle aura Nous aurons Vous aurez Ils auront Elles auront } fin *i*.	J'aurai Tu auras Il aura Elle aura Nous aurons Vous aurez Ils auront Elles auront } reç *u*.	J'aurai Tu auras Il aura Elle aura Nous aurons Vous aurez Ils auront Elles auront } rend *u*.
CONDITIONNEL. (*Troisième mode.*)				
PRÉSENT.				
11. Temps simple et dérivé du présent de l'infinitif par l'addition des finales *ais*, pour les trois premières conjugaisons, et par le changement de *re* en *rais*, pour la quatrième.	Je chant *erais*. Tu chant *erais*. Il chant *erait*. Elle chant *erait*. Nous chant *erions*. Vous chant *eriez*. Ils chant *eraient*. Elles chant *eraient*.	Je fini *rais*. Tu fini *rais*. Il fini *rait*. Elle fini *rait*. Nous fini *rions*. Vous fini *riez*. Ils fini *raient*. Elles fini *raient*.	Je recev *rais*. Tu recev *rais*. Il recev *rait*. Elle recev *rait*. Nous recev *rions*. Vous recev *riez*. Ils recev *raient*. Elles recev *raient*.	Je rend *rais*. Tu rend *rais*. Il rend *rait*. Elle rend *rait*. Nous rend *rions*. Vous rend *riez*. Ils rend *raient*. Elles rend *raient*.
PASSÉ.				
12. Temps composé du conditionnel présent du verbe *avoir*, et du participe passé du verbe que l'on conjugue.	J'aurais Tu aurais Il aurait Elle aurait Nous aurions Vous auriez Ils auraient Elles auraient } chant *é*.	J'aurais Tu aurais Il aurait Elle aurait Nous aurions Vous auriez Ils auraient Elles auraient } fin *i*.	J'aurais Tu aurais Il aurait Elle aurait Nous aurions Vous auriez Ils auraient Elles auraient } reç *u*.	J'aurais Tu aurais Il aurait Elle aurait Nous aurions Vous auriez Ils auraient Elles auraient } rend *u*.
ON DIT AUSSI :				
13. Temps composé de l'imparfait du subjonctif du verbe *avoir*, et du participe passé du verbe que l'on conjugue.	J'eusse Tu eusses Il eût Elle eût Nous eussions Vous eussiez Ils eussent Elles eussent } chant *é*.	J'eusse Tu eusses Il eût Elle eût Nous eussions Vous eussiez Ils eussent Elles eussent } fin *i*.	J'eusse Tu eusses Il eût Elle eût Nous eussions Vous eussiez Ils eussent Elles eussent } reç *u*.	J'eusse Tu eusses Il eût Elle eût Nous eussions Vous eussiez Ils eussent Elles eussent } rend *u*.
IMPÉRATIF. (*Quatrième mode.*)				
14. Temps simple et dérivé du présent de l'indicatif. (*Voyez ce temps.*)	Chant *e*. Qu'il chant *e*. Chant *ons*. Chant *ez*. Qu'ils chant *ent*.	Fini *s*. Qu'il finiss *e*. Finiss *ons*. Finiss *ez*. Qu'ils finiss *ent*.	Reçoi *s*. Qu'il reçoiv *e*. Recev *ons*. Recev *ez*. Qu'ils reçoiv *ent*.	Rend *s*. Qu'il rend *e*. Rend *ons*. Rend *ez*. Qu'ils rend *ent*.
SUBJONCTIF. (*Cinquième mode.*)				
PRÉSENT OU FUTUR. Il faut, il faudra.				
15. Temps simple et dérivé du participe présent par le changement de ANT en *e*, *es*, *e*, *ions*, *iez*, *ent*.	Que je chant *e*. Que tu chant *es*. Qu'il chant *e*. Qu'elle chant *e*. Que nous chant *ions*. Que vous chant *iez*. Qu'ils chant *ent*. Qu'elles chant *ent*.	Que je finiss *e*. Que tu finiss *es*. Qu'il finiss *e*. Qu'elle finiss *e*. Que nous finiss *ions*. Que vous finiss *iez*. Qu'ils finiss *ent*. Qu'elles finiss *ent*.	Que je reçoiv *e*. Que tu reçoiv *es*. Qu'il reçoiv *e*. Qu'elle reçoiv *e*. Que nous recev *ions*. Que vous recev *iez*. Qu'ils reçoiv *ent*. Qu'elles reçoiv *ent*.	Que je rend *e*. Que tu rend *es*. Qu'il rend *e*. Qu'elle rend *e*. Que nous rend *ions*. Que vous rend *iez*. Qu'ils rend *ent*. Qu'elles rend *ent*.
IMPARFAIT. Il fallait, il fallut, il a fallu, il faudrait, etc.				
16. Temps simple et dérivé du prétérit défini. (*Voyez ce temps.*)	Que je chant *asse*. Que tu chant *asses*. Qu'il chant *ât*. Qu'elle chant *ât*. Que nous chant *assions*. Que vous chant *assiez*. Qu'ils chant *assent*. Qu'elles chant *assent*.	Que je fin *isse*. Que tu fin *isses*. Qu'il fin *ît*. Qu'elle fin *ît*. Que nous fin *issions*. Que vous fin *issiez*. Qu'ils fin *issent*. Qu'elles fin *issent*.	Que je reç *usse*. Que tu reç *usses*. Qu'il reç *ût*. Qu'elle reç *ût*. Que nous reç *ussions*. Que vous reç *ussiez*. Qu'ils reç *ussent*. Qu'elles reç *ussent*.	Que je rend *isse*. Que tu rend *isses*. Qu'il rend *ît*. Qu'elle rend *ît*. Que nous rend *issions*. Que vous rend *issiez*. Qu'ils rend *issent*. Qu'elles rend *issent*.
PRÉTÉRIT. Il faut.				
17. Temps composé du présent du subjonctif du verbe *avoir*, et du participe du verbe que l'on conjugue.	Que j'aie Que tu aies Qu'il ait Qu'elle ait Que n. ayons Que vous ayez Qu'ils aient Qu'elles aient } chant *é*	Que j'aie Que tu aies Qu'il ait Qu'elle ait Que n. ayons Que vous ayez Qu'ils aient Qu'elles aient } fin *i*.	Que j'aie Que tu aies Qu'il ait Qu'elle ait Que n. ayons Que vous ayez Qu'ils aient Qu'elles aient } reç *u*.	Que j'aie Que tu aies Qu'il ait Qu'elle ait Que n. ayons Que vous ayez Qu'ils aient Qu'elles aient } rend *u*.
PLUSQUE-PARFAIT. Il aurait fallu.				
18. Temps composé de l'imparfait du subjonctif du verbe *avoir*, et du participe passé du verbe que l'on conjugue.	Que j'eusse Que tu eusses Qu'il eût Qu'elle eût Que n. eussions Que v. eussiez Qu'ils eussent Qu'elles euss^t. } chant *é*.	Que j'eusse Que tu eusses Qu'il eût Qu'elle eût Que n. eussions Que v. eussiez Qu'ils eussent Qu'elles euss^t. } fin *i*.	Que j'eusse Que tu eusses Qu'il eût Qu'elle eût Que n. eussions Que v. eussiez Qu'ils eussent Qu'elles euss^t. } reç *u*.	Que j'eusse Que tu eusses Qu'il eût Qu'elle eût Que n. eussions Que v. eussiez Qu'ils eussent Qu'elles euss^t. } rend *u*.

Présent de l'infinitif.	Participe présent.	Participe passé.	Présent de l'indicatif.	Prétérit. défini.
Absoudre.	Absolvant.	Absous.	J'absous.	
Résoudre.	Résolvant.	Résous. Résolu.	Je résous.	Je résolus.
Battre.	Battant.	Battu.	Je bats.	Je battis.
Boire.	Buvant.	Bu.	Je bois.	Je bus.
Braire.			Il brait.	
Bruire.	Bruyant.			
Circoncire.		Circoncis.	Je circoncis	Je circoncis
Clore.		Clos.	Je clos.	
Conclure.	Concluant.	Conclu.	Je conclus.	Je conclus.
Confire.		Confit.	Je confis.	Je confis.
Coudre.	Cousant.	Cousu.	Je couds.	Je cousis.
Croire.	Croyant.	Cru.	Je crois.	Je crus
Dire.	Disant.	Dit.	Je dis.	Je dis (1).
Faire.	Faisant.	Fait.	Je fais (2).	Je fis.
Luire.	Luisant.	Lui.	Je luis.	
Mettre.	Mettant.	Mis.	Je mets.	Je Mis
Moudre.	Moulant.	Moulu.	Je mouds.	Je moulus.
Naître (3).	Naissant.	Né.	Je nais.	Je naquis.
Rire.	Riant.	Ri.	Je ris.	Je ris.
Rompre.	Rompant.	Rompu.	Je romps.	Je rompis.
Traire.	Trayant.	Trait.	Je trais.	(4)
Vaincre.	Vainquant.	Vaincu.	Je vaincs.	Je vainquis
Vivre.	Vivant.	Vécu.	Je vis.	Je vécus.

(1) Tu dis, il dit, nous disons, vous *dites*, ils disent. On conjugue de même *redire*; mais les autres composés dire, comme *dédire*, se conjuguent régulièrement : vous *dédisez*, vous *contredisez*. Le verbe *maudire* fait : vous *maudissez*.

(2) Tu fais, il fait, nous fesons, vous *faites*, ils font. *Satisfaire* et *contrefaire* se conjuguent de même. Vous *satisfaites*, vous *contrefaites*. On écrit maintenant nous *fesons*, nous *contrefesons*, et non nous faisons, nous contrefaisons.

(3) Tous les verbes terminés par *aître*, comme *naître*, *paraître*, conservent l'accent circonflexe sur l'*i* quand cette lettre est suivie d'un *t* : je *paraîtrai*, nous *naîtrons*; mais il perd cet accent si l'*i* n'est pas suivi d'un *t* : *paraissez*, *naissant*.

(4) Les verbes *distraire*, *extraire*, *soustraire*, etc., n'ont pas de prétérit défini.

28me *Leçon.*

DU RÉGIME OU COMPLÉMENT.

100. Il y a deux sortes de régimes ou compléments : le *complément direct* et le *complément indirect.*

101. Le complément direct est l'être qui reçoit directement l'action que le sujet fait ; il répond à la question *qui ?* ou *quoi ?* Exemple :

Ernest frappe *Jules.*

Alexandre chérissait *Ephestion.*

Ernest fait l'action de *frapper*, et cette action est transmise à *Jules* qui la reçoit directement ; donc *Jules* est le complément direct de *frapper*. Ernest frappe *qui ?* JULES :

Alexandre fesait l'action de *chérir*, et cette action était transmise à Ephestion qui la recevait ; donc Ephestion est le complément direct de *chérir*.

Alexandre chérissait *qui ?* EPHESTION.

Nous cultivons la vigne. Nous fait l'action de *cultiver*, et cette action est transmise à la *vigne* ; donc *vigne* est le complément direct. Nous cultivons *quoi ?* LA VIGNE.

102. Le complément indirect est toujours séparé du verbe par l'une des prépositions *de, a, dans, chez, sur, vers, pour, contre, etc.* Exemple : il marche *vers* la ville. Il part *pour* son frère. Il vient *de* Paris. Il écrit *à* son ami.

Le complément indirect répond à l'une des questions *à qui ? à quoi ? de qui ? de quoi ? dans qui ? dans quoi ?* etc. Il marche *vers quoi ?* Vers la ville, complément indirect. Il part *pour qui ?* Pour son frère, complément indirect.

29me *Leçon.*

DES DIFFÉRENTES SORTES DE VERBES.

103. Nous n'avons que deux sortes de verbes : le verbe *d'*ÉTAT et le verbe *d'*ACTION.

104. Le verbe d'état marque la situation, l'état dans lequel est le sujet; c'est le verbe *être*, auquel on ajoute un adjectif, comme : *je suis inquiet, je serai content*, ou un participe passé, comme : *je fus admiré, je suis chéri, elles étaient satisfaites.*

Sans un dieu tout EST MORT ; les monde EST ARRÊTÉ.

105. Le verbe d'action exprime ce que fait le sujet, comme : *je marche, je lis, nous dormons, vous chérissez.*

Au défaut des hommes, souvent les animaux
De l'homme abandonné *soulagèrent* les maux.
Et l'oiseau qui *fredonne*, et le chien qui *caresse*,
Quelquefois ont suffi pour charmer sa tristesse.

30me *Leçon.*

106. Les verbes d'action se divisent en verbes *ransitifs* et en verbes *intransitifs.*

107. Les verbes *transitifs* sont ceux qui ont un complètement direct, et après lesquels on peut mettre un des mots *quelqu'un* ou *quelque chose;* LIRE est un verbe *transitif,* parce qu'on peut dire lire *quelque chose:* je lis *une lettre;* manger est un verbe transitif, parce qu'on peut dire manger *quelque chose:* manger *un fruit;* punir est un verbe transitif, parce qu'on peut dire punir *quelqu'un :* je punis les *élèves* paresseux. Le verbe transitif est communément appelé verbe *actif;* mais la dénomination de *transitif* est beaucoup plus logique que celle de verbe *actif,* puisque l'action que le verbe exprime est transmise sur un autre objet.

108. Les verbes *intransitifs* sont ceux qui n'ont pas de complément direct, et après lesquels on ne peut pas muttre *quelqu'un* ni *quelque chose;* comme *aller*, *marcher*, *nager*, *courir*, *suffire*, *tomber.* L'exemple suivant renferme un verbe *transitif* et deux verbes *intranситifs.*

Ernest *étudie* sa leçon, pendant que ses camarades *folâtrent* et *rient* de son courage.

Etudie est un verbe transitif, parce qu'il a un complétement direct; il étudie ***quoi***? Sa LEÇON. ***Folâtrent*** n'a pas de complément, et ***rient*** n'a qu'un complément indirect, ***de son courage***.

On voit que le verbe transitif a un complément direct et que le verbe intransitif n'en a pas, et qu'il ne peut avoir qu'un complément indirect. Le verbe intransitif est communément appelé verbe ***neutre***.

31me Leçon.

109. Un verbe, soit transitif, comme ***croire***, soit intransitif, comme ***douter***, peut être employé sans complément; dans ce cas, il est pris intransitivement. Exemple :

La honte est de *douter*, le bonheur est de *croire*.

Ici ***croire*** est employé intransitivement, parce qu'il n'a pas de complément direct.

110. Le même verbe peut être ***transitif*** ou ***intransitif***, selon qu'il a ou qu'il n'a pas de complément direct.

Napoléon RECULA ***les bornes*** de la France.

Ici ***recula*** est transitif, parce qu'il a un complément direct, ***les bornes***.

Nos troupes, voyant leur général tué, ***reculèrent***.

Ici ***reculèrent*** est intransitif, parce qu'il n'a pas de complément direct.

32me Leçon.

111. Si les verbes transitifs s'emploient quelquefois dans un sens intransitif, de même aussi plusieurs verbes intransitifs peuvent passer au sens transitif.

SENS TRANSITIF.	SENS INTRANSITIF.
On aborde *le vaisseau*.	On ne saurait aborder *de l'opéra*.
On adresse *la parole*.	On adresse *à un but*.
On parle *sa langue*.	On parle *à quelqu'un*.
On abuse *les gens*.	On abuse *de la confiance*.
L'eau baigne *les murs*.	Le corps baigne *dans l'eau*.

112. Tout verbe transitif peut se rendre par la voie passive (1).

VERBES TRANSITIFS.	VERBES PASSIFS OU D'ÉTAT.
J'*aime* mes enfants.	Mes enfants *sont aimés* de moi.
Tu *avertissais* tes amis.	Tes amis *étaient avertis* par toi.
Mon père te *louait*.	Tu *étais loué* de mon père.
Le chat *mange* la souris.	La souris *est mangée* par le chat.

113. Les verbes intransitifs (ou neutres) ne peuvent pas se tourner par la voie passive. On dit bien :

> Loin de nous l'homme vil, sans talent, sans vertu,
> Qui *végète* et qui *meurt* avant d'avoir *vécu*.

On ne pourrait pas dire : ***j'ai été végété*, *tu auras été mort*, *il aura été vécu*.**

33me Leçon.

114. On appèle verbe réfléchi celui dont le sujet et le complément, direct ou indirect, expriment la même personne.

Je me conduis	pour	*je* conduis *moi*.
Tu te flattes	——	*tu* flattes *toi*.
*Il s'*habille	——	*il* habille *lui*.
Nous nous trompons.	——	*nous* trompons *nous*.
Vous vous blessez.	——	*vous* blessez *vous*.
Elles se contraignent.	——	*elles* contraignent *elles*, *soi*.

Voilà des verbes réfléchis directs et transitifs.

Je me suffis.	pour	*je* suffis *à moi*.
Tu te plaisais	——	*tu* plaisais *à toi*
Ils se nuisaient	——	*ils* nuisaient *à eux*.
Elle se riait de vous	——	*elle* riait *en soi* de vous.
Nous nous succédions	——	*nous* succédions *à nous*.
Vous vous imaginiez cela	——	*vous* imaginiez cela *en vous*.

Voilà des verbes réfléchis indirects et intransitifs.

On voit que les verbes réfléchis sont des verbes

(1) Les verbes communément appelés verbes *passifs* sont des verbes d'état. C'est un participe passé joint à l'auxiliaire *être*.

d'action; ils sont transitifs ou intransitifs, selon qu'ils ont ou qu'ils n'ont point de complément direct.

115. Les verbes réfléchis directs ou indirects se conjuguent avec deux pronoms de la même personne, comme : *je me, tu te, il se, nous nous, vous vous, elles se.* Le premier pronom est toujours sujet du verbe, et le second, complément, direct ou indirect. Ces verbes prènent l'auxiliaire *être* aux temps composés, par raison d'euphonie, c'est-à-dire pour ne pas blesser l'oreille par un mauvais son. Ainsi, ne dites pas : *je m'ai trompé, tu t'as mépris, il s'a blessé, nous nous avons abusés, vous vous avez flattés.* Dites : je me *suis* trompé, tu t'*es* mépris, il s'*est* blessé, nous nous *sommes* abusés, vous vous *êtes* flattés.

34me Leçon.

116. On appèle communément verbes *impersonnels* ceux qui n'ont que la troisième personne du singulier, comme : *il faut, il pleut, il grêle, il semble, il y a, il est arrivé, il serait arrivé*, etc.

Ces verbes n'ont que la troisième personne singulière de chaque temps ; ce sont des verbes intransitifs.

117. Les verbes transitifs (actifs) se conjuguent avec *avoir : j'*AI LU *cette histoire*; *nous* AURIONS ADMIRÉ *son courage.* Cependant les verbes transitifs dits réfléchis se conjuguent avec *être : Nous nous* ÉTIONS VUS. *Elles se* SERONT ADMIRÉES.

118. Les verbes intransitifs (neutres) se conjuguent avec avoir : *j'ai dormi, tu as régné, nous avons couru.* Cependant quelques-uns de ces verbes se conjuguent avec *être ;* mais alors ils deviènent verbes d'état. Ces verbes sont : *aller, décéder, arriver, écheoir, éclore, mourir, naître, venir, devenir, revenir, parvenir, tomber.* On trouve aussi ce dernier avec *avoir*, mais plus souvent avec *être.*

119. Il y a aussi des verbes intransitifs qui se conjuguent avec *avoir*, lorsqu'ils expriment une *action,* et avec *être,* lorsqu'ils expriment un *état.* Les princi-

paux sont: *accoucher, accourir, accroître, apparaître, cesser, monter, descendre, convenir, croît, déchoir, dégénérer, échapper, embellir, expirer, entrer, grandir, partir, passer, rester, sortir, vieillir, rajeunir.*

35me Leçon.

120. Quelles remarques avez vous à faire sur les trois personnes singulières du présent de l'indicatif des verbes (*voyez* les finales du tableau-modèle).

La première personne singulière, pour les verbes de la première conjugaison, se termine par un *e* muet : je renouE.

La seconde par *es* : tu renouES.

La troisième, comme la première, par un *e* muet : il renou E.

Pour les trois autres conjugaisons en *ir*, en *oir* et en *re*, la première personne singulière finit par *s* : je fini s, je voi s, je met s; la seconde personne finit aussi par *s* : tu fini s, tu voi s, tu met s; la troisième personne finit généralement par T : il fini T, il voi T, il me T.

121. PREMIÈRE REMARQUE. Certains verbes de la seconde conjugaison, comme : *offrir, cueillir, ouvrir, souffrir*, ont la même finale au présent de l'indicatif que les verbes de la première conjugaison : je cueillE, tu offrES, il ou elle ouvrE.

122. DEUXIÈME REMARQUE. Dans les verbes qui finissent par DRE à l'infinitif, comme *vendre*, la 3e personne singulière finit par D : il ven*d*, elle ren*d*, il confon*d*; à l'exception des verbes terminés en *gnant* et en *vant*, au participe présent, comme *craignant, résolvant*, qui perdent leur D pour prendre un T : elle *craint*, il *résout*. Le verbe *vaincre* finit par *c* : il *vainc*.

123. TROISIÈME REMARQUE. Les verbes *vouloir, valoir* et *pouvoir*, se terminent aux deux premières personnes singulières par X : je *veux*, je *peux*, tu *veux*, et à la troisième personne par T : il *veut*, elle *peut*.

124. Quelles remarques avez-vous à faire sur la terminaison du pluriel du présent de l'indicatif? (*Voyez* le tableau-modèle.)

La terminaison des trois personnes plurielles du présent de l'indicatif est la même pour les quatre conjugaisons.

La 1re personne finit par ONS, nous chant ONS.

La 2e personne finit par EZ : vous chant EZ.

La 3e personne finit par ENT : ils ou elles ri ENT.

125. PREMIÈRE REMARQUE. Les verbes *faire* et *dire* font exception ; on dit : vous *faites*, vous dites, et non : vous *fesez*, vous *disez*.

DEUXIÈME REMARQUE. Les verbes *aller, faire, avoir* et *être*, font à la 3e personne plurielle : ils *vont*, elles *font*, ils *ont*, elles *sont*.

126, Quelles remarques avez-vous à faire sur l'imparfait ? (*Voyez* le tableau-modèle.)

Tous les verbes des quatre conjugaisons se terminent à l'imparfait pas *ais*, *ais*, *ait*, pour le singulier; *ions*, *iez*, *aient* pour le pluriel.

127. Ceux qui ont un *i* ou un *y* au participe présent se terminent par *iions*, *iiez*, *yions*, *yiez*, comme nous *priions*, vous *priiez*, nous *payions*, vous *nettoyiez*.

128 Quelles remarques avez-vous à faire sur le prétérit défini ?

Le prétérit défini a quatre terminaisons différentes: il se termine par *ai*, *as*, *a*, *âmes*, *âtes*, *èrent*, pour les verbes de la première conjugaison; et pour les autres conjugaisons, il se termine par *is*, *us*, *ins*. (*Voyez* le tableau-modèle.)

129. Quelles remarques avez-vous à faire sur le futur ?

130. REMARQUE. Quelques verbes de la seconde conjugaison; comme *cueillir*, ont aussi un *e* muet avant le *r*, au futur : je *cueillerai*.

131. Quelles remarques avez-vous à faire sur l'impératif?

L'impératif n'a point de première personne singulière et commence par la seconde; et, comme cette seconde se forme de la première de l'indicatif, dont on retranche le pronom *je*, elle se termine par un *e* muet pour les verbes de la première conjugaison : je chante, *chante;* je cloue, *cloue;* je défie, *défie;* pour les 3 autres conjugaisons, elle finit par *s* : je guéris, *guéris;* je vois; *vois :* je prends, *prends.* La troisième personne se termine par un *e* pour tous les verbes.

132. Quelles remarques faites-vous sur le présent du subjonctif?

Tous les verbes au présent du subjonctif sont terminés par *e*, *es*, *e*, pour le singulier, et par *ions*, *iez*, *ent*, pour le pluriel : que je voi*e*, que tu voi*es*, qu'il voi*e*, qu'elle voi*e*, que nous voy*ions*, que vous voy*iez*, qu'ils voi*ent*, qu'elles voi*ent*. Même remarque qu'à l'imparfait de l'indicatif, pour les verbes dont le participe présent est terminé par IANT, comme : *criant*, *sciant;* et par YANT, comme: *voyant*, *nettoyant*.

133. Quelles remarques faites-vous sur l'imparfait du subjonctif?

L'imparfait du subjonctif a quatre terminaisons différentes, *asse*, *isse*, *usse*, *insse*. Tous les verbes de la première conjugaison finissent par *asse :* que je *parlasse*, que tu *criasses*, etc. Les trois autres conjugaisons finissent par *isse*, *usse* ou *insse* : que je *finisse*, que tu *reçusses*, que je *devinsse*.

DICTÉES A ÉCRIRE SUR LE TABLEAU NOIR.

(*Après avoir corrigé le singulier, on traduira par le pluriel.*)

1re DICTÉE. Cet élève jou bien, il étudi mal, Ernest aime sa sœur, il la chéri, tu ignore les ruses qu'il emploi pour faire ses devoirs; il les copi sur ceux de ces camarades. Le genou pli, le sapajou plai, il amuse.

2e. Le tribunal prononce son jugement, il condamnerat les coupables. Ernest avou qu'il s'amuse, il di franchement qu'il aime le jeu. Le filou vol; s'il es pris, on le juge. Rose se mari, elle sera heureux. Je te prévien que tu sera estimé, si tu travaille.

3° Je suis enrhumé, je reste dans ma chambre où je m'ennui beaucoup. Cette décision solennél impose, elle triomphera. Ma sœur est venu me voir, j'en est ai été enchanté. Adolphine gémi de la conduite que tu tien, elle t'aimes beaucoup.

4° Jules invitera sa sœur à venir, il la prira de resté quelques jours avec nous. Ce vaisseau vogue, il navigra. Tu chanta hier la petite ariette que je chantai chez toi la semaine dernière. Ce mur nous séparez, il nous contrariez, tu l'abatti.

5° Ma sœur est disposé à partir pour la campagne où elle est attendu. Je vérifirez mes comptes avec toi, je te prirai de repasser mes additions; car je crain de commettre quelques erreurs. Cette mère chéri ses enfants, elle les aiment, elle les caresse. Je reli ces vers, je les trouve excellents. Reli les cordons de tes souliers.

6° Cette affaire nous contrari; elle fut bien malheureux. Tu vis mes enfants, tu les caressa, tu leur donna des bonbons. Ta mère li les ouvrages que tu lu le mois passé, elle les aime beaucoup. Je met mes devoirs au net, mez-y les tiennes. Part pour ta pension et avou à ton maître que tu a eu des tort.

7° Julie embelli, elle est embelli. Cette femme vieilli, tu la trouve vieilli. Je m'aperçoi que l'œil du maître nous aperçoi. Tu boit les liqueurs que je vend. Ce chien aboi, il mor les passants. Je trouvai la bague que ta mère perdi, je la vendit à un orfèvre.

8° Ce prince pacifira son pays, pacifi le tienne. J'oubli les injures que tu me donna, oubli ceux que tu reçu. Je bénéficiais sur ses marchandises que je vendez. Dans mon jeune temps, je défiais les plus forts jouteurs que je trouvais dans nos assemblées. Je combatterai encore celui qui ce présentra.

9° Je contribuai à ton bonheur, tu contribua au sienne. Je bondi de joie en apprenant cette heureuse nouvelle. Je comprend que tu acccepte se défi. Craind, mon fils, d'offensé Dieu. Chéri tes parents et aimes tes amis; sois leur fidèle. Tu encloura cette pièce, puis tu l'abandonnera. Ta sœur pâli, elle est pâli.

10e Cette pêche pourri, elle est pourri. J'atténurez cette affaire, fait tous tes efforts pour réparé tes torts; dit-moi franchement que tu a manqué et que tu t'en repen. Jou aux cartes, j'y jouerez aussi. Cet vigne dépéri tous les jours; elle dépériera encore, elle est même déjà très-depéri. Rejoint tes amis et suis-les.

11e Je déplait à cet homme, tu lui déplu aussi; tu ne dévira pas du sentier de l'honneur, tu rompera avec ses hommes impies. Je dormit profondément et n'entendit aucun bruit dans mon appartement. Ce cheval mu-, il mura encore plus au printemps. Je tus ce lièvre, tu en tura un autre, ou tu celui-ci. Tu coudoi ton ami, tu veut me trompé, prévien-le que je ne souffrerez aucune injure.

12e Je te voyais tandis que tu criait au secours. Distribu ton bien aux pauvres. Je convien que tu t'et trompé. Cet enfant se noi, cour le sauvé. J'épis cet homme et le surprenderai. Je payais mon avocat et le priait de cessé les poursuites qu'il dirigai contre toi. Tu m'initia dans se secret et je le connus. Tu éternu sans cesse, prend cette poudre, et tu n'éternura plus.

36me Leçon.

OBSERVATIONS SUR CERTAINS VERBES DE LA PREMIÈRE CONJUGAISON.

134. On appèle *racine* ou *radical* d'un verbe la partie du verbe qui ne change point; et l'on appèle *finale* ou *désinence* la partie qui est susceptible de varier à chaque personne.

Ainsi : JOU est le radical de JOUER, et ER en est la finale; PREND est le radical de *prendre*, et RE en est la finale; dans nous *chantons*, le radical est CHANT, et la finale est ONS; dans vous *appelez*, le radical est APPEL, et la finale est EZ : dans ils *boiront*, le radical est BOI, et la finale est RONT.

37me Leçon.

135. Dans les verbes en GER, comme *abréger*, le *g* doit toujours être suivi d'un *e* muet avant l'*a* et l'*o* : tu abrégE as, nous jugE ons.

136. Dans les verbes en CER, comme *effacer*, le *c* prend une cédille avant l'*a* et l'*o* : j'*effaçai*, nous *lançons* des pierres.

137. Dans les verbes terminés à l'infinitif par *yer*, comme *tutoyer*, ou dont le participe présent est terminé par *yant*, comme *croyant*, on change l'*y* en un *i* simple, lorsque cette lettre est suivie d'un *e* muet : j'*envoie*, je *paie*, elles *croient*, ils *tutoieront*.

138. Les verbes qui sont terminés par *iant*, au participe présent, comme *pliant*, prènent deux *ii* à la première et à la seconde personne du pluriel de l'imparfait de l'indicatif et du présent du subjonctif : nous *priions* le seigneur, que vous *sciiez* ce bois.

Ceux qui sont terminés par *yant* au participe présent, ont aux mêmes personnes un *i* après l'*y* : *payions*, *ployiez*; excepté *ayant*, *ayons*.

On écrira au présent de l'indicatif :

Maintenant nous *employons* notre temps au jeu, et vous *employez* le vôtre au travail ;

Et à l'imparfait :

Lorsque nous étions en Suisse, nous *employions* notre temps à parcourir les sites de cet étonnant pays, tandis que vous *employiez* le vôtre à en décrire les beautés.

On écrira au subjonctif :

Il faut que nous nous *reconciliions* avec Dieu, et vous, que vous le *priiez* avec nous (*voyez* les nos 126 et 127)

38e Leçon.

139. Plusieurs grammairiens disent que dans les verbes terminés par ELER, comme *appeler* ; par ETER,

comme *jeter*, on double les lettres *l* ou *t*, quand elles se trouvent entre deux *e* muets : ainsi ils écrivent j'*appelle* avec deux *ll*, parce que la lettre *l* se trouve entre deux *e* muets, et j'*appelais* avec un seul *l*; je *jetterai* avec deux *tt*, parce que le *t* se trouve entre deux *e* muets, et il *jeta*, avec un seul *t*. Mais c'est une erreur : le radical de *appeler* est *appel*, celui de *jeter* est *jet*; il ne faut donc doubler le *l* ni le *t*, dans aucun cas.

140. L'académie grammaticale a décidé que l'accent grave doit tenir lieu du doublement inutile de la consonne ; écrivez donc : j'*appèle*, je *jète*, je *nivèlerai*, il *cachètera*. Les grammairiens qui veulent qu'on double le *l* ou le *t* disent que cette règle est fondée sur ce que notre langue ne peut souffrir deux *e* muets de suite à la fin d'un mot, parce qu'avant la chûte du son, il faut un appui à la voix; hé bien, en mettant l'accent grave sur l'*è* qui précède la lettre *l* ou *t*, vous n'avez pas deux *e* muets de suite, et vous évitez bien des exceptions. Nos bons auteurs suivent maintenant cette orthographe.

141. Tout verbe qui a un *e* muet ou un *é* fermé dans le radical, change cet *e* en *è* grave, chaque fois qu'après lui vient un autre *e* muet. Ex. :

L'enfant *épèle*, il *épela*, tu *jèteras* une pierre comme celle que j'ai *jetée*. Cette plante *végète*, elle *végéta*. Je *répète* la leçon que vous *répétez*. Cet arbre *dégénère*, il *dégénéra*. Je *sème*, nous *semons*. Tu *céderas*, nous *cédâmes*. Nous *dépècerons*, vous *dépecez*, etc.

39me Leçon.

142. Tout verbe qui a une double consonne dans son radical, la conserve dans toute la conjugaison ; ainsi écrivez je *grelotte*, je me *flatte*, je *dérouillerai*, nous nous *habillons*, vous vous *brouillerez*, parce que ces verbes ont une double consonne dans le radical.

143. Dans les verbes en *ouer*, *uer*, comme *vouer*,

suer, on met un tréma sur l'*ï* des finales *ïons*, *ïez*, aux personnes plurielles de l'imparfait de l'indicatif et du présent du subjonctif, pour les détacher du radical : nous *dévouïons*, vous *jouïez*. Les verbes *fatiguer* et *intriguer* ne suivent pas cette règle.

144. Les verbes terminés au présent de l'infinitif par *éer*, comme *créer*, ont deux *éé* au participe masculin et trois au participe féminin : un homme *créé*, une femme *créée*; un homme *agréé*, une femme *agréée*.

145. Certains verbes, comme : *envoyer*, *renvoyer*, *courir*, *recourir*, *parcourir*, *voir*, prènent deux *rr* au futur et au conditionnel : *j'enverrai*, tu *courras*, elles *courront*, il *enverrait*, nous *verrions*.

40me Leçon.

REMARQUES SUR CERTAINS VERBES DE LA SECONDE CONJUGAISON.

146. *Bénir* a deux participes passés : *béni*, *bénie*, *bénit*, *bénite*. Quand le participe s'applique aux cérémonies de l'église, il fait *bénit*, *bénite*; par-tout ailleurs il fait *béni*, *bénie*. Cette famille est *bénie* des *pauvres*.

147. Le verbe haïr est de deux syllabes à l'infinitif, et s'écrit avec deux points sur l'ï; il retient la même orthographe et la même prononciation dans tous les temps, excepté aux trois personnes du singulier du présent de l'indicatif : je *hais*, tu *hais*, il *hait*, et à la seconde personne du singulier de l'impératif : *hais* le mensonge.

148. Le verbe *fleurir* fait *fleurissant* au participe présent et *fleurissait* à l'imparfait de l'indicatif quand il est pris dans le sens de pousser des fleurs : les amandiers *fleurissaient*; mais quand il s'agit de la prospérité d'un état, des arts, il fait *florissant*, *florissait* : les arts *florissaient* sous Louis XIV.

EXERCICES GÉNÉRAUX SUR LES VERBES.

PREMIER EXERCICE. Je jourez aux lotos avec mes

amis, j'espère que je gagnerez. Je lirez cet histoire tandis que tu lira les paquets et que tu les envera au roulage. Ernest prira ces cousins de venir avec nous; il les divertieras beaucoup, car il sais faire bien des tours.

2e Je vais allé à la pension, j'y restrai toute la journée; à mon arrivée, j'étudirez ma leçon, puis je la répeterez. Tu viendera le soir chez nous, tu t'amusera avec moi dans mon jardin, tu bechras la terre, et moi, je la semerez; quand tu sera fatigué, tu te jeteras sur l'herbe pour te reposer.

3e Hier, je me lèvai à quatre heures, je me lavai, je sortit de la maison et je courut au village où je rencontrez mon père; il était fâché, je voulut l'appaisé; mais il me tournat le dos sans me répondre; tu vin dans cet instant et tu nous reconcilia; tu me rendit là un bien grand service.

4e Tu alla à la ville le mois dernier, tu y trouvat des livres que je cherchait depuis long-temps, tu les acheta et tu me les revendi; je les lut avec avidité. Julie partie le mois dernier pour la campagne, elle revin la semaine dernière, je fut enchanté de son arrivée, mon père la revie avec plaisir; mais bientôt elle nous déplue.

5e Je te renouvele mes protestations d'amitié, tu me renouvèlas les tiens; Ernest me renouvèlat les siens hier. Tu nagais dans la Loire. Mon ami plongea dans se gouffre, il y péri. Je payait mon écot tandis que tu t'enfuyais; tu pairas le tienne plus tard. Avous que tu t'es mal conduit envers nous.

6e Je brois des couleurs, tu en broyras aussi; je les broyait pendant que tu reliait les paquets. Je soulève la question qu'Ernest soulèva, elle fut soulevé hier et tu la résolu mal. Mon fils, mets ta confiance en ton père, écoutes les sages avis de tes parents, et suis leurs conseils. Je cede à tes instances, cedera-tu aux nôtres?

7e Je succede à cet homme qui succèda a ton père. Je te révélerez les secrets les plus importants; mais tu ne les révélera à personne. Tu jugras combien je t'aimes, quand tu saura les personnes que je m'aliéne pour toi. Je nettoyait les tables tandis que tu balayait la classe. Je devin furieux, quand j'apprit les sottises que tu fit.

8e Je m'ennuyait pendant que je voyagais. J'étudiai cet histoire, je l'appris, je la récitai, et elle plue à mon père. Ce filou crochete adroitement, il crochetta mon secrétaire. Tu changea de conduite, ton protecteur te chargat de ces affaires et tu parvin à mérité sa confiance. Tu attellas ses chevaux, je les attelerai aussi. Perçoi mes rentes et distribu-les à mes enfants.

9e Cet bonne mère s'inquiete de son fils, il ne s'inquiètat jamais d'elle. Je défiait la fortune quand tu ployait sous le malheur. Je recachete la lettre que tu décachètas, je l'envoye à son adresse. Tu interpretes mal les choses que je te dit, je voudrait que tu les compris mieux. Tu a manqué à ton ami, il fallait que tu l'engagas à venir.

10e Tu voudrai que je travailla mieux et que j'employas mieux mon temps; travail mieux toi-même et emploi mieux le tien : paye d'exemple. Mon fils, revien de ton erreur et avou-nous tes torts. Promet-nous que tu ne commettra plus les mêmés fautes. Il faudrait que je vis plus clair et que je ménagas ma vue. Cet homme ce dévouat pour la patrie, et il ne s'en repenti pas.

11e Cet viande se corrompera, parce qu'elle es déjà gâté. Je rencontres ses deux enfants, je les examine, je les interroge et je les reconnais. Tu appuyait se méchant de ton crédit, tandis qu'il t'injuriais. Il t'injuri de nouveau et t'injurira encore. Rappele-toi, mon ami, que tu me promit d'être sage, et cependant tu hus les passants.

12e C'est toi, mon fils, qui a eu le malheur d'être blessé dans ce combat, qui a tué plusieurs ennemis et qui t'est si bien distingué. Remet moi les objets que ton frère te donnas, ou dit franchement que tu les perdit à la promenade. Apprécis le tort que tu te fait en soutenant le mensonge. Cet bête chancèla du coup qu'elle reçu. Je côtoye la côte et je m'y récré.

13e Je plain ses malheureux, tu les plainderas aussi. Julie feignie d'être fâché, et il lui fit des reproches amers. Ta pauvre mère gémie quand elle appri les malheurs qu'il t'arrivat. Le sot n'entre ni ne sor, comme l'homme d'esprit. Le sage guéri de l'ambition par l'ambition même; il tent à de si grandes choses, qu'il ne peux se borné aux richesses.

14e Cet homme renoura les négociations que je renouai. Ce chien qui aboye maintenant n'aboira plus, tu le turas. Cette fleur s'épanouie dès que le soleil paraî. Meurt, s'il le faut, et ne te plaind pas; sert ta patrie et sacrifis-lui ta vie. Cet avocat changa de langage quand il vit qu'il perdrait son procès. Je nie ce fait et le nierai toujours.

15e Le courtisan fein le caractère le plus conforme aux vues qu'il as, et paraîe tel qu'il croi que son intérêt l'exige. Il sait parlé et parle ambiguement; il use d'expressions équivoques qu'il fais valoir ou qu'il diminu selon ses intérêts. Il fallais bien que j'achevas mon dessin et que j'obtins la permission de sortir.

16e Ta mère reçue une lettre qu'elle arrosat de ces larmes. Je publiait les ouvrages que tu imprima, il aurait fallu que je les publias plus-tôt. Ce magistrat défendi les jeux que la malignité créat. Je renourai mes relations avec cet homme que tu plongas dans la misère. Mon père voudrai que je me couchas de bonne heure pour que je me levas matin et que je partis pour la campagne.

17e Il était inutile que tu pris tant de précautions pour que tu restas en si beau chemin. Il faudrai que tu promis moins et que tu tins parole.

Quand je me rappele l'aventure que tu me rappèlas, je rit beaucoup. Le soldat ne sen pas qu'il soit connu: il meurs obscur dans la foule où il vis. Il vivais de même, à la vérité, mais il vivais.

18e La meilleure action s'altere et s'affaiblie par la manière dont elle se fait, et laisse même douté des intentions. Celui qui, par sa naissance, se démele d'avec le peuple, et qui s'expose aux yeux des hommes, pourrais même sortir par effort de son tempéramment, s'il n'étais pas porté à la vertu. Tu niait la vérité pendant que je priait pour toi. Assied-toi et coud tes habits.

19e Je me leve à sept heures, je range mon cabinet, j'étudis mes leçons, je met mes devoirs au net, je travail une heure à l'anglais, j'apprend un verbe de cet langue; à dix heures, je descend dans la salle à mangé, je vais ensuite me promené, je cueil quelques fleurs, je les contemple, puis je rentre dans ma chambre où j'écrit de nouveau.

20e Tu par pour la promenade, tu prend ton couteau, tu déracine les plus jolies plantes, tu les offrent à ta sœur, tu revien à la maison content de ton voyage. Il faudrait que tu employas bien ton temps, que tu sortis de ta chambre de bonne heure, que tu travaillas jusqu'à huit heures et que tu appris l'allemand jusqu'à onze heures. Cette mère avertie ces enfants du malheur qui leur arriva, elle les prévint à temps.

21e Ces hommes se revête du manteau de l'hypocrisie. Il se résou à la mort. Il faut que je vous absoude, je le fais. Cet homme acquier tous les jours de l'importance, tu en acqueras aussi. Je confi des prunes, et toi tu me confies ton secret; mais sois tranquille, je ne le confierez à personne. Tu contredit cet enfant qui te contredirat aussi. Tu m'interdit se plaisir, pourtant je l'aimai.

22e Si tu dédi ton ami, il te dédirat de même. Se métal ce dissoud au feu. Je peut te nuire, ton frère le peux aussi; mais il ne le fera pas. A mon arrivée, je le trouvai chez moi, je repartit avec lui. Ce tribunal ressorti de la cour royale d'Amiens. J'appris ton mal hier, et je t'avourai que j'en ri lorsque ta sœur me le contat, tant je le trouve minime.

41me Leçon.

DE LA PRÉPOSITION.

149. La préposition est un mot invariable qui marque le rapport d'un substantif, ou d'un pronom, ou d'un verbe, à un mot qui précède. Ex. :

Un père fait son bonheur EN *travaillant* A *celui* DE *ses enfants.*

EN marque le rapport du substantif *bonheur*, au verbe *travaillant*; A marque le rapport de ce verbe au pronom *celui*; DE marque le rapport de ce pronom au substantif *enfant*.

Voici les prépositions les plus usitées :

A.	Derrière.	Loin de.	Sauf.
Après.	Dès.	Malgré.	Selon.
Attendu	Devant.	Moyennant.	Suivant.
Auprès de.	Durant.	Nonobstant.	Sur.
Avant.	En.	Outre.	Touchant.
Avec.	Entre.	Par.	Vers.
Chez.	Envers.	Parmi.	Vis-à-vis.
Contre.	Environ.	Pendant.	Voici.
Dans.	Excepté.	Pour.	Voilà.
De.	Hormis.	Près.	
Depuis.	Hors.	Sans.	

42me Leçon.

DE L'ADVERBE.

150. L'adverbe est un mot invariable qui se place ordinairement près du verbe ou de l'adjectif pour en déterminer la signification. Si je dis: *Ernest chante*, je ne présente que l'idée de *chanter*; mais si je dis : *Ernest chante* PARFAITEMENT, ce mot PARFAITEMENT modifie le verbe *chanter*; il dit de quelle manière Ernest *chante*.

Voici les adverbes les plus usités :

Alors.
Assez.
Aujourd'hui.
Auparavant.
Aussi.
Autant.
Auprès.
Beaucoup.
Bien.
Bientôt.
D'abord.
Davantage.
Dedans.
Dehors.
Déjà.
Demain.
Désormais.
Dessous.
Dessus.
Enfin.
Ensemble.
Ensuite.
Fort.
Guère.
Hier.
Jadis.
Jamais.
Ici.
Là.
Loin.
Maintenant.
Mal.
Même.
Mieux.
Moins.
Où.
Pourtant.
Près.
Peu.
Plus.
Presque.
Tout.
Tôt.
Toujours.
Très.
Trop.
Souvent.
Volontiers.

Généralement les mots terminés en *ment* sont adverbes et se forment des adjectifs, comme : *sagement*, de *sage ; poliment*, de *poli; honnêtement*, de *honnête ; agréablement*, d'*agréable*.

151. Certains adjectifs, comme: juste, faux, court, droit, haut, etc., sont quelquefois employés comme adverbes : *parler juste* (dans un sens juste), *il chante faux* (sur un ton faux).

43me Leçon.

DE LA CONJONCTION.

152. La conjonction est un mot invariable qui marque un rapport entre deux membres de phrase, comme *et*, *donc*, *car*, *dans : soyez homme d'honneur* ET *ne trompez personne*. ET sert à lier le premier membre de phrase *soyez homme d'honneur*, au second membre de phrase *ne trompez personne*. Je pense, DONC Dieu existe ; CAR ce qui pense en moi, je ne le dois point à moi-même.

Voici les principales conjonctions :

Ainsi.
Ainsi que.
Car.
Comme.
Cependant.
Donc.
Et.
Lorsque.
Mais.
Néanmoins.
Ni.
Or.
Ou.
Parce que.
Puisque.
Quand.
Que.
Quoique.
Savoir.
Si.
Soit.
Toutefois.

153. On appèle expressions conjonctives les conjonctions suivantes: *afin que*, *à moins que*, *avant que*, *en cas que*, *bien que*, *encore que*, *de peur que*, *de crainte que*, *jusqu'à ce que*, *pour que*, *pourvu que*, *supposé que*, *sans que*, *soit que;* parce qu'elles sont composées de plusieurs mots.

154. On distingue la conjonction *que* du *que* relatif, en ce qu'elle ne peut pas se tourner par *lequel*, *laquelle*. Dans cet exemple : je doute QUE le livre *que* tu lis soit instructif, le premier *que* est une conjonction, et le second un pronom relatif.

44me Leçon.

DE L'INTERJECTION.

155. L'interjection est un mot invariable qui sert à peindre une affection vive et subite de l'âme. Ainsi, quand on dit : *quel malheur*, HÉLAS! *nous accable! Vous voilà*, AH! *que vous me faites plaisir!* Les mots HÉLAS! et AH! sont des interjections.

Voici les principales interjections :

Ah!	Fi!	Ça!	Bon!
Ha!	Helas!	Allons!	Ferme!
Oh!	Pouf!	Adieu!	Fi donc!
Ho!	Hola!	Alerte!	Gare!
Eh!	Chut!	Quoi!	Courage!
Hé!	Paix!	Hem!	

SECONDE PARTIE.

45me Leçon.

DU PARTICIPE.

156. Le participe est un mot qui tient du verbe et de l'adjectif : du verbe, en ce qu'il exprime une action ; de l'adjectif, en ce qu'il ajoute aussi au substantif une idée quelconque.

157. Il y a deux sortes de participes : le participe *présent*, qui est toujours terminé par ANT ; le participe *passé*, dont les terminaisons sont *é*, pour la première conjugaison, *u*, *i*, *is*, *int*, *ert*, pour les trois autres conjugaisons.

DU PARTICIPE PRÉSENT.

158. Le participe *présent* ne varie jamais : *nous avons vu ces tendres mères* CARESSANT *leurs enfants.*

159. Il ne faut pas confondre le participe présent avec l'adjectif verbal, qui est aussi terminé par *ant*, et qui, comme tous les autres adjectifs, varie selon le genre et le nombre du substantif auquel il se rapporte : *nous avons vu ces tendres mères* CARESSANTES, *presser leurs enfants sur leurs bras.*

46me Leçon.

160. Le participe présent marque une action faite par le sujet, et il a ordinairement un complément exprimé ou sous-entendu.

161. On reconnaît qu'un mot est participe présent, quand on peut le faire précéder par *en*. Ex. :

Ces loups, HURLANT *sans cesse, vont çà et là* CHERCHANT *leur proie.*

Hurlant et *cherchant* sont des participes présents qui expriment une action. On peut dire : ces loups vont çà et là EN *hurlant* et EN *cherchant* leur proie.

On peut encore reconnaître le participe présent, quand on peut le remplacer par un des temps du même verbe à l'aide d'une des conjonctions *comme*, *quand*, *lorsque*, *puisque*. Ex. : *je les ai vus* ÉCRIVANT *et non* LISANT. On peut dire : je les ai vus QUAND ils écrivaient et non QUAND ils lisaient.

Ces vergers APPARTENANT *à vos parents, ils doivent en recueillir les fruits.* On peut dire : COMME ou PUISQUE ces vergers appartiennent à vos parents, ils doivent, etc.

Tel enfin *triomphant* de sa digne impuissance,
Un fier torrent s'échappe, et l'onde *mugissante*
Traîne, en *précipitant* ses flots amoncelés,
Pâtre, étable, troupeaux, confusément roulés.

Triomphant est un participe présent, parce qu'on peut le faire précéder par *en* et dire : *tel* EN *triomphant;* ou par *parce que* et dire : tel *parce qu'il* triomphe, etc. *Mugissante* est un adjectif verbal qui s'accorde avec son sujet onde; il marque l'état, la manière d'être de l'onde. *Précipitant* est un participe présent précédé du mot *en.*

EXERCICES SUR LE PARTICIPE PRÉSENT

PREMIER EXERCICE. Nous avons vu des chiens dévorants se disputant leur proie. Entendais-vous ses chevaux hennissant et ses trompettes retentissant ? C'est le présage du combat qui s'apprêtes. Nous avons vu au Musée des tableaux parlant. Nous avons vu des monstres marins dégoûtant et dégouttant d'eau.

Un moment elle est gaie, un moment sérieuse,
Riant, pleurant, jasant, se taisant tour-à-tour,
Enfin changeant d'humeur mille fois en un jour.

2e Les vierges de Raphaël sont ravissant de beauté. Le berger a surpris deux loups ravissant un mouton. Ses orangers, charmant la vue et embaumant l'air, semble nous transporté dans un séjour ravissant. Point d'importuns laquais épiant nos discours, critiquant tous nos maintiens, comptant nos morceaux d'un œil avide, s'amusant à boire et murmurant d'un trop long dîner. C'est une femme allant et agissant, mais d'ailleurs contrariant et médisant.

3e J'ai vu ta mère bien souffrant. J'ai trouvé ta sœur souffrant de la goutte. Cet homme avaient des yeux pénétrant, son accueil étais dur, ces paroles menaçant. Voilà des gens riant à tous propos. Se sont des femmes allant toujours, agissant du matin au soir; mais d'ailleurs contrariant tout le monde et médisant de leur prochain. Quand la femelle de l'ours a perdu ces petits, elle annoncent sa douleur par ces cris perçant; elle est triste et gémissant : c'est une mère pleurant ces petits.

4e Ce sont des femmes perpétuellement allant, perpétuellement agissant; mais du reste sans cesse contrariant et naturellement médisant. J'ai toujours vu ceux qui voyagait dans de bonnes voitures, rêveurs, tristes, grondant ou souffrant. Votre sœur inspire le plus tendre intérêt : on la voit si souffrant et en même temps si prévenant, si touchant et si peu tourmentant ! Les feux du midi brûlant nos campagnes, sont des feux bien brûlant. Nous avons vu la neige blanchissant nos toits. Dans vos tableaux, rendez vivant et parlant les personnages que vous peignez.

5e Voilà une personne accomodant, on la voie toujours empressée et accommodant les affaires les plus épineuses. Je ne veux point voir sous mes yeux ses gens allant et venant sans cesse, et sans cesse allant et venant. Ses personnes m'obsède. Descendant des Scipion, Cornélie avait toute la grandeur d'âme des héros de sa race. Les Suisses descendant du sommet des montagnes mires en déroute l'armée de Charles-le-Téméraire. Voici une boisson adoucissant, en voici une autre adoucissant l'âcreté des humeurs. Il coure ici des bruits alarmant, alarmant même les esprits les plus forts.

6e De quel œil dieu doit-il voir vos bras fumant du sang qu'il a créé ? La terre était encore fumant à l'endroit où ses malheureux avait été égorgés la veille. Reine, je ne veut point, par mes soins défiant, jeter sur vos desseins des yeux trop prévoyant. Voilà des enfants caressant; on les voient caressant leur mère. Vous avez chez vous une jeune personne charmant. Voilà une jeune personne charmant tous ceux qui la voit. Les flots du Gange sont quelquefois retentissant comme les feux roulant de la foudre. Nous avons des avocats consultant et des gens consultant peu leurs intérêts.

7° Cette personne est contrariant, contrariant même ces meilleurs amis. Je sait une nouvelle désespérant pour lui et désespérant toute sa famille. Voila une personne éblouissant de blancheur et une lumière éblouissant la vue. Que de faibles entraînés! Que d'âmes chancelant retenues dans le devoir! Je me borne à l'examen de ses usages étonnant aujourd'hui pour nous. Des bruits affreux étonnant les plus intrépides circules aujourd'hui dans nos contrées.

Tous ces objets sont vingt fois répétés dans des trumeaux tout brillant de clarté.

47me Leçon.

DU PARTICIPE PASSÉ JOINT AU VERBE ÊTRE.

162. Le participe passé joint au verbe *être* forme, comme nous l'avons dit, le verbe *d'état;* il s'accorde en genre et en nombre avec son sujet. Ex. :

Ce père est aimé.	Cette mère est aimée.
Tes amis sont satisfaits.	Tes sœurs sont satisfaites.

Le sujet peut quelquefois se trouver après le participe; mais cela ne change rien à l'accord. Ex. :

Au bas de la montagne était *située* ma MAISON. Mais quand il vit l'urne où étaient *renfermées* les CENDRES de son frère Hyppias, il versa un torrent de larmes.

48me Leçon.

DU PARTICIPE PASSÉ JOINT AU VERBE AVOIR.

163. Le participe passé accompagné du verbe *avoir* ne s'accorde jamais avec son sujet.

Il reste invariable, 1° lorsqu'il n'a pas de complément direct; 2° lorsque ce complément se trouve placé après lui. Ex. :

Nos cousines ont *lu;* elles auraient *chanté;* elles nous ont *écrit*. Mes frères ont *chassé;* vous auriez *admiré*. Elles auront *compris*.

Les participes *lu*, *chanté*, *écrit*, *chassé*, *admiré*, *compris*, sont invariables, parce qu'ils n'ont pas de complément direct.

Mes cousines ont *lu* une fable; elles auraient *chanté* une ariette; elles nous ont *écrit* une lettre. Mes frères ont *chassé* un cerf; vous aviez *admiré* ces tableaux. Elles auront *compris* mes raisons.

Les mêmes participes, *lu*, *chanté*, *écrit*, etc. sont encore invariables, parce qu'ils sont placés avant leurs compléments directs *fable*, *ariette*, *lettre*, *cerf*, *tableaux*, *raisons*.

164. Le participe joint au verbe avoir varie seulement lorsque son complément direct se trouve placé avant lui; il en prend le genre et le nombre. Ex. :

Les lettres que tu m'as *écrites*, tes cousines les ont *lues*, avant l'ariette qu'elles ont *chantée*. La biche que tes frères ont *chassée* a été tuée; elle était belle, nous l'avons *admirée*. Nos raisons, les avez-vous *comprises?*

Ici les mêmes principes ont varié : *écrites* est au féminin et au pluriel, parce qu'il s'accorde avec son complément direct *que*, qui représente *lettres*, féminin pluriel. Même raisonnement pour les participes *chantée*, *chassée*, *admirée*, *comprises*. Le participe *tuée* est joint au verbe être, et il s'accorde par conséquent avec le sujet *biche*.

EXERCICES SUR LES PARTICIPES ET SUR LES VERBES.

PREMIER EXERCICE. La pièce a commencé de bonne heure. Ces femmes ont parlé long-temps; elles ont été surpris dans leur conversation. Les brebis qui ont bêlé était arrivé du Berry. Les jeunes personnes qui ont dansé à notre soirée, ont charmé tous les spectateurs, qui les ont admirées. Ces livres sont intéressant, de qui les avait-vous reçu? Les fleurs que je vous est envoyé, et qui maintenant sont fané, était jolies. Ces orateurs ont parlé, et les cœurs ce sont attendrit. C'est une pièce que j'ai lu et que j'ai vivement applaudi. Mes plumes était taillé, et je les ai perdu.

2° Cette femme a été accusé et convaincu de plusieurs crimes; elle a été condamné. Les hommes qui ont le plus vécu ne sont pas ceux qui ont compté le plus d'années; mais ceux qui ont le mieux usé de celles que le ciel leur a départi. Savais-vous les dangers que votre sœur a couru, et avec quel courage elle les a bravé? Vos cousines nous ont paru disposé à composé sur l'histoire; elles l'ont étudié avec fruit. Les dames qui ont chanté hier ne sont pas ceux que tu a surpris dansant chez moi.

3° Cette pièce que j'ai fait, vous l'avais vu, sans doute? Comment l'avais-vous trouvé? Julie a récité la fable que tu lui a appris, elle l'a très-bien récité. Les personnes qui ont fondé cet société savante ont bien mérité de la patrie. Les marchandises que j'avais acheté pour vous, vous me les avais laissé; et celles que vous m'avez pris, vous les avais payé moins cheresqu'elles ne m'ont coûté. Les étoffes que se marchand a acheté sont joli, elles ont semblé telles à toutes les personnes qui les ont vu. Nous avions égaré nos livres; mais nous les avons retrouvés.

4° Les plumes que vous avez livré n'ont paru belles à personne. Les graines de fleurs que j'avais acheté et que j'avais semé dans mon jardin n'ont pas levé. La maison que ce maçon a bâti vient d'être vendu; la personne qui l'a acheté est bien fâché d'avoir contracté ce marché. Les services que ma fille a reçu de vous, madame, l'ont pénétré de reconnaissance. La jeune personne que vous avais vu chez moi, et que vous avais appelé madame, n'est pas encore marié. Cette vallée est très-embelli, nous en avons admiré les riches prairies.

5° Julie a récité la leçon qu'elle avais appris, et elle a reçu la fable que son frère lui a adressé. Nous aurions copié les couplets qu'on nous a offert, si nous avions eu plus de temps. Vous auriez réussi dans les entreprises que vous avez fait, si vous aviez reçu les sommes qu'on vous avais promis. Rose a reçu les fleurs que je lui ai offert, elle les a conservé. Ses malheureux ont langui long-temps dans les prisons où on les a renfermé. Là règnes les bons rois qu'a produits tous les âges. Quel droit vous a rendu maîtres de l'univers? Les fruits que tu a mangé verts t'ont causé les douleurs que tu a souffert. Il me resté une chétive maison, je l'ai vu pillé et détruit.

6° La grêle a ravagé toutes les terres que nous avons ensemencé : nous les avions bien fumé, nous y avions semé des graines rares. Tu nous a plaint, mon ami, mais combien de maux n'avons-nous pas souffert! nous avons supporté la faim et la soif; nous avons manqué de vêtement pour nous couvrir dans les plus grands froids. Ces malheureux n'ont pas redouté la mort, ils n'ont pas été effrayé de la voir arrivé; ils l'ont reçu avec résignation, après avoir invoqué Dieu pour obtenir le pardon des fautes qu'ils avait commis. Ainsi ont raisonné des hommes que des siècles de fanatisme avait rendu puissants. Colbert eut à réparé les maux qu'avait causé le règne orageux de Louis XIII.

7° Nous avons acheté cet maison et nous y avons fait les réparations que nous ont indiqué notre architecte. Nous y avons employé tous les matériaux d'une vieil maison que nous avions démoli. Voilà la maison que j'ai acquis de ton père; je la lui ai payé comptant. Tu n'a pas répondu à la lettre que mon frère t'avais écrit; cependant tu l'a reçu : il t'avait adressé diverses questions que tu n'a sans doute pas compris; pourquoi n'es-tu pas venu me trouvé, je te les aurez expliqué? Les olives que nous avons récolté sont toutes gâté; nous les avions cependant cueilli et rentré dans la bonne saison. Le mérite de son style tient aux progrès qu'ont fait la société en France. Messieurs, vous êtes né dans un climat qui vous a rendu robuste.

8° Où sont les fleurs que t'avait offert tes frères? les a-tu accepté pour les laissé faner? Les soldats avait été attaché à la famille de César, qui était garante de tous les avantages que leur avaient procuré la révolution. Quel dangers n'ont pas couru la France pendant la tempête de vingt ans qu'elle a essuyé! La prévoyance et la dignité a tracé la route qu'a suivi notre belle patrie. La froideur qu'avait témoigné nos juges déconcertaient nos vues.

Les regards, il est vrai, n'étaient point enflammés
Du courroux dont souvent je les ai vus armés.
La Grèce en ma faveur est trop inquiétée :
Des soins plus importants je l'ai crue agitée.

9e Nous aurons bientôt terminé toutes les opérations que nous avons entrepris ; dès que nous les aurons fait, nous nous renderons chez vous. Nous sommes étonné des choses qu'on nous a dit ; nous les avions cru impossibles, nous n'en sommes pas encore bien revenue. Que de fleurs j'ai planté dans mon jardin ! Que de peines m'ont donné ce travail ! Que de moments précieux j'ai perdu ! encore si je les avez rattrappé depuis !

10e Ma sœur a passé deux heures à joué, elle les auraient beaucoup mieux employé à l'étude. Cette femme me disais : vous m'avais vu attaché à vous nuire, vous m'avez cru capable de vous ruiné, et c'est pour cette raison que vous m'avez chassé. Cet homme nous a bien servi, aussi il nous a intéressé. En nous promenant hier dans les Tuileries, nous avons reconnu nos cousines, nous les avons appelé, nous leurs avons parlé; elles nous ont rendu les livres que nous leurs avions prêtés.

11e Nous avons retardé l'horloge que tu a monté. Ta sœur t'as apporté les dessins que tu lui as demandé. Avez-vous oublié les règles de la grammaire que vous aviez appris? Que de peines vous avez eu pour les apprendre! Peut-être ont-ils dû ses idées aux mémoires qu'avait laissé son père et sa mère sous le titre modeste de souvenirs. Je ne défends pas ses rimes, parce que je les ai employé ; mais je m'en suis servi, parce que je les ai cru bonnes.

49me Leçon.

PARTICIPES SUIVIS D'UN INFINITIF.

La femme que j'ai *entendue* CHANTER.

165. RAISONNEMENT. Qu'est-ce que j'ai entendu? 1re rép. la *femme*, 2e rép. *chanter*. On voit que pour les participes suivis d'un infinitif la question *qu'est-ce que* amène deux réponses. Alors on fait du résultat de la première réponse, qui est toujours un substantif, le sujet d'une nouvelle question, et l'on dit : *Est-ce la femme qui fesait l'action de chanter?* OUI ; dans ce cas, *accord*.

166. Nous avons vu que tous les verbes des quatre conjugaisons expriment des actions; or, *si l'action qu'exprime l'infinitif est faite par le substantif placé avant le verbe*, il y a *accord ;* dans le cas contraire, le participe reste invariable. Ex. :

La personne que j'ai *vue* ÉCRIRE.

L'action qu'exprime l'infinitif écrire est-elle faite par la personne? OUI ; *accord*. Dans ce cas, le *que* relatif est le complément direct du participe.

Les enfants que j'ai *vus* COURIR.

Étaient-ce les enfants qui fesaient l'action exprimée par l'infinitif *courir?* OUI ; *accord*.

Les plantes que j'ai *laissées* CROÎTRE.

Étaient-ce les plantes qui faisaient l'action exprimée par l'infinitif *croître?* OUI ; *accord*.

La romance que j'ai *vu* ÉCRIRE et que j'ai *entendu* CHANTER.

Était-ce la romance qui faisait l'action d'*écrire* et de *chanter?* NON ; point d'*accord*. Dans ce cas, le *que* qui précède le participe est le complément de l'infinitif, et non du participe.

Participes variables, parce que l'action qu'exprime l'infinitif est faite par le substantif placé avant le verbe.	*Participes invariables, parce que l'action qu'exprime l'infinitif n'est pas faite par le substantif placé avant le verbe.*
La femme que j'ai *vue* PEINDRE est habile.	La femme que j'ai *vu* PEINDRE par Isabey.
L'action de peindre est faite par la femme.	L'action de peindre n'est pas faite par la femme.
Les hommes que j'ai *entendus* SE VANTER.	Les talents que j'ai *entendu* VANTER
L'action de se vanter est faite par les hommes.	L'action de vanter n'est pas faite par les talents.
Les moutons que j'ai *laissés* PAÎTRE.	Les moutons que j'ai *laissé* ENLEVER par les loups.
L'action de paître est faite par les moutons.	L'action d'enlever n'est pas pas faite par les moutons.

50me Leçon.

167. L'infinitif est quelquefois sous-entendu après les participes des verbes *devoir*, *pouvoir*, *vouloir*; dans ce cas, le participe reste invariable. Ex. : je lui ai fait tous les reproches que j'ai *dû* (sous-entendu *faire*).

Nous lui avons rendu tous les services que nous avons *pu* (sous-entendu *lui rendre*).

Vous avez obtenu toutes les faveurs que vous avez *voulu* (sous entendu *obtenir*).

168. Le participe passé du verbe *faire* (fait) suivi d'un infinitif est toujours invariable. Ex. : Voilà les arbres que nous avons *fait* PLANTER. Cette personne était malade, les remèdes qu'on lui a donnés l'ont *fait* MOURIR.

EXERCICES SUR LES PARTICIPES SUIVIS D'UN INFINITIF,

Sur les participes pu, dû, voulu *et sur le participe* fait.

1er Ma jambe que j'ai senti mordre par se chien, je l'ai senti s'engourdir à l'instant. La femme que j'ai vu battre ces enfants, n'est pas celle que j'ai vu battre par son mari. Les ruisseaux que nous avons vu couler et que nous avons vu détourner, fertilisait ces prairies. Ma fille que j'ai envoyé chercher son frère, est celle que j'ai envoyé chercher cette semaine à sa pension. La montre que j'ai vu voler, est celle que tu a vu tomber.

2e Les personnes que nous avons vu périr s'était exposé imprudemment. Les meubles que vous avez laissé vendre ne sont pas ceux que vous avez laissé dépérir. Les paysages que j'ai vu calquer était charmants; je les ai vu achever par ta sœur que j'ai entendu chanté. Les arbres que j'ai laissé croître sont bien grandi; plusieurs me gênait et je les ai fait abattre. Pour être sûr de la vérité, il faut l'avoir entendu annoncer d'une manière claire et positive. L'alliance que Judas avait envoyé demander fut accordé.

3e Il augmentat l'autorité des lois que trop d'empereurs avait voulu anéantir. Mes amis, où sont les fleurs que nous vous avons vu cueillir et que vous avez laissé faner? Les demoiselles que j'ai vu compter. Les sommes que j'ai vu compter. Les auteurs que nous avons vanté ne nous ont pas semblé avoir mérité la réputation qu'ils ont acquis. L'actrice que tu a entendu s'applaudir, n'est pas celle que tu a entendu applaudir par le public. Vous n'avez pas fait, mes amis, les démarches que vous auriez dû.

4e Les marchandises que tu a laissé introduire sont celles que tu a laissé dépérir. Les pièces que j'ai vu jouer ont été applaudi. Les acteurs que vous avez vus jouer étaient très-médiocres. Nous avons obtenu de ce prince toutes les faveurs que nous avons voulu. Les services que j'ai voulu vous rendre, vous les avais refusé. Que d'hommes Dieu a vu naître et mourir! Que de générations il a vu s'éteindre! Les outrages que vous avez fait à mon père était cruels; il les a dévoré en silence.

5e Cette femme vous aurez donné tous les secours que vous auriez voulu. Les portraits que nous avons vu dessiner était fort jolis. Les enfants que nous avons vu dessiner était déjà exercé. Les greffes que vous avez fait planter sont-elles repris? Il a été libre de mettre à cet abandon la condition qu'il a voulu. La maison que vous avez fait bâtir est très-vaste. La feuille que j'ai entendu lire était assez intéressant.

6e Les personnes que j'ai entendu lire m'ont fait un grand plaisir. J'ai fait à vos cousines toutes les politesses que j'ai dû. Voilà les poissons que j'ai vu pêcher. Où sont les enfants que j'ai vu pêcher? Ce sont mes enfants qu'il vous a fait entendre : ses malheureux ce sont laissés sans défense. Mes amis, je vous ai laissé vous quereller à votre aise. Comment, Messieurs, vous vous êtes laissé surprendre à de pareils discours! L'action que j'ai entendu blâmer était louable en elle-même.

7e Ces hommes sont méchants, je les ai entendu blâmer leurs amis. Nos pères se serait-ils laissé assommé comme des victimes? Nos amis, vous les avez laissé errer. Les blés que vous avez fait coupé, je les ai vu semer. O Julie, si le destin t'eût laissé vivre! Elles rougissait de honte de s'être laissé vaincre par le sommeil. Nous avons fait auprès du ministre toutes les démarches que nous avons pu.

51me Leçon.

PARTICIPES DES VERBES DITS RÉFLÉCHIS.

169. Le participe des verbes dits réfléchis est toujours précédé du verbe *être*; mais ce verbe est employé pour *avoir*.

La foule S'EST AMASSÉE autour de nous.

Ils se SONT APERÇUS de loin.

C'est comme s'il y avait: La foule A AMASSÉ elle-même autour de nous. Ils ONT APERÇU eux-mêmes de loin. (Voyez les numéros 114 et 115.)

170. Le participe des verbes réfléchis s'accorde, non avec son sujet, mais avec son complément direct, quand il en est précédé. Ce participe est invariable

quand il n'a pas de complément direct, ou quand celui-ci est placé après lui. Ex. :

Ernestine s'est COUPÉE. *Coupée* est au féminin et au singulier, parce que son complément direct SE est placé avant le participe. *Elle a coupé* ELLE.

Ernestine s'est COUPÉ *le doigt. Coupé* est invariable, parce que le complément direct DOIGT est placé après le participe. *Elle a coupé* LE DOIGT *à elle*. Le pronom SE est complément indirect.

Nous nous sommes ABANDONNÉS *à la colère*. Nous avons abandonné *nous*, complément direct.

Nous nous sommes ABANDONNÉ *nos biens*. Nous avons abandonné *nos biens*, complément direct placé après le participe. Nous les avons abandonnés *à nous*. Nous pour *à nous*, complément indirect.

171. *Remarque*. Les verbes intransitifs (neutres) suivants, ont toujours le participe invariable : *Se plaire, se déplaire, se rire, se sourire, se parler, se succéder, se nuire, se suffire, se convenir, se ressembler*. La vigne s'est *plu* dans cet endroit. Les soldats se sont *ri* de la populace; ils se sont *suffi* à eux-mêmes. Vous vous êtes *nui* différentes fois. Elles se sont *succédé*, elles se sont *convenu*.

EXERCICES SUR LES PARTICIPES DITS RÉFLÉCHIS.

PREMIER EXERCICE. Ces hommes se sont accordé une juste préférence. Nous nous sommes accordé pour vous présenté se jeune homme. Vous vous êtes appliqué à l'étude de la géographie et de l'histoire que vous aviez jusqu'alors négligé. Vous vous êtes appliqué de vigoureux soufflets. Ces maîtres se sont attaché leurs élèves. Ses élèves se sont attaché à leurs maîtres. Mes cousines se sont repenti de leur trop grande bonté; elle se sont bien acquitté des obligations qu'elles ont contracté envers vous.

2e Vos parents se sont plu à nous contrarié en tout; et en cela ils se sont nui. Ces magistrats se sont relâché de leur sévérité accoutumée, et se sont plu à nous faire grâce. Les cavaliers qui ont succombé sous vos coups se sont eux-mêmes attiré leur malheur. Ses oiseaux, par leur chant, se sont mutuellement attiré. Tes amis s'était avoué comme auteurs du délit; ils se sont avoué leurs torts réciproques. Ces dames se sont laissé en chemin, après s'être laissé des gages d'amitié. Les Romains s'était faits à la discipline.

3e Ces hommes se sont fait une gloire cruelle. Ses dames se sont souri dès qu'elles nous ont entendu parler. Ces dames s'était refusé toute consolation, elles se sont refusé mutuellement de ce secourir. Ces hommes se sont convenu sous tous les rapports; cependant ils se sont nui. Ah! comment s'est éclipsé tant de gloire? Comment se sont anéanti tant de travaux? Vos sœurs se sont trouvé aux Carmélites, et la réconciliation s'est fait. Vos amis qui s'était proposé pour maîtres de langues ce sont proposé différentes questions. Ces dames se sont tu des choses secrètes; elles se sont tu à votre approche.

4e Mes amis se sont vu, ils se sont parlé. Vos amis ce sont soupçonné des torts; ils se sont soupçonné de trahison. Vos cousines se sont parlé; elles se sont suffi à elle-mêmes. Ses jeunes demoiselles se sont déplu dès l'instant qu'elles se sont vu. Jamais les rois ne se sont succédé avec tant de rapidité; jamais ils ne ce sont ressemblé. Ces messieurs s'était toujours ri de nos projets. Après s'être tiré à l'écart, ces hommes ce sont tiré deux coups de pistolets. Les grands génies se sont survécu à eux-mêmes. Tes sœurs se sont moqué de nous.

52me Leçon.

Du participe joint au verbe avoir précédé du pronom LE, *et du partiaipe placé entre deux* QUE.

172. Le participe précédé du pronom LE, employé pour *ceci*, *cela*, est toujours invariable. Ex. :

Cette ville n'est pas aussi belle que je L'*avais* CRU. Qu'est-ce que j'avais cru? Rép. CELA, que cette ville était plus belle qu'elle ne l'est. Je n'ai pas cru la ville, j'ai cru CELA.

Ces personnes ne sont pas aussi instruites que vous L'*auriez* PENSÉ. Vous n'avez pas pensé *les personnes*, vous avez pensé CECI, qu'elles étaient plus instruites qu'elles NE LE sont.

Dans ces exemples, le mot LE représente une partie de phrase; et comme une partie de phrase n'a ni genre ni nombre, le participe reste invariable.

173. Le participe passé placé entre deux QUE est invariable, parce que le premier *que* est complément, non du participe, mais du verbe qui suit. (1) Ex. :

La leçon QUE vous avez cru QUE j'étudierais.

Les chagrins QUE nous avions pressenti QUE vous auriez.

Qu'est-ce que vous avez cru? Rép. *que j'étudierais;* donc le complément est après le participe; donc, c'est le cas ordinaire (n° 162), et par conséquent point d'accord. Vous n'avez pas cru la *leçon*; vous avez cru que *j'étudierais* la LEÇON.

EXERCICE.

Les malheurs que j'avais prévu que vous auriez vous sont arrivé. Ses plantes ne sont pas aussi salutaires que vous nous l'aviez assuré. Nous avons désapprouvé les raisons que vous avez pensé que nous approuverions. La vertu de Caton était moins pure qu'on ne l'a cru. Vous avez surmonté toutes les difficultés que vous aviez prévu que vous auriez à vaincre. Les secours que vous avez pensé que nous pourrions obtenir, nous sont échappé. La nouvelle s'est trouvé vraie, comme vous l'aviez jugé. La bataille n'a pas été telle que nous l'avions pensé. Ma

---

(1) Il faut en excepter les participes des verbes *convaincre* et *persuader*. Ex. : Les personnes que j'avais *convaincues* qu'elles étaient heureuses. Vos amis que j'ai *persuadés* que vous étiez mort, le croient encore.

mère est malade! Elle vous l'a paru; mais elle ne l'est pas.

53me Leçon.

Participes précédés du mot EN *et du mot* PEU.

174. Le participe passé précédé du mot EN est invariable, parce que le mot *en* est vague et indéterminé; il signifie CELA. Ex.:

J'ai lu plus de livres que vous N'EN avez MANIÉ.

(C'est-à-dire que vous n'avez manié DE CELA).

Bonaparte a remporté plus de victoires que d'autres n'EN ont LU.

(C'est-à-dire que d'autres n'ont lu DE CELA).

Des pleurs, hélas! j'en ai beaucoup RÉPANDU (DE CELA).

175. *Remarque.* Il ne faut pas confondre le pronom EN, signifiant DE CELA, avec le pronom personnel EN, signifiant DE LUI, D'ELLE, D'EUX, D'ELLES. On écrira: *Cette personne m'a insulté, voici la vengeance que j'*EN *ai tirée.* Ici *en* est mis pour d'ELLE, de cette personne.

176. L'expression LE PEU DE a deux significations: quand elle signifie le *manque*, le *défaut* de l'objet désigné, le participe est invariable; quand elle signifie *une petite quantité qui a suffi*, le participe s'accorde avec le substantif qui suit le mot PEU. Ex.:

Le PEU de bonne conduite que ce jeune homme a MONTRÉ vous a fait lui retirer votre confiance. Ici le mot PEU signifie *le manque*, *le défaut de conduite.* Il a manqué de conduite; il n'en a pas montré. Ce n'est pas la conduite qui vous a fait lui retirer votre confiance, c'est le *peu*, le *manque*, le *défaut* de conduite.

Le *peu* de bonne CONDUITE que ce jeune homme a montrée lui a mérité votre confiance. Ici le mot *peu* ne signifie pas le *manque* de conduite, puisqu'il en a montré suffisamment pour mériter la confiance; dans ce cas, le participe s'accorde avec le substantif conduite, placé après le mot *peu*.

Quand le mot PEU est suivi d'un substantif pluriel, il s'accorde avec ce substantif. Ex. :

> Le peu de *mots* qu'il a *prononcés.*
> Le peu de *personnes* qu'il a *vues.*

EXERCICES.

PREMIER EXERCICE. Le peu de monnaie que vous m'avez donné n'a pas suffi pour payer ma dépense. Le peu de monnaie que vous m'avez donné a suffi dour payé ma dépense. Il n'est que trop vrai qu'il y a eu des antropophages, nous en avons trouvé en Amérique. Cette femme nous a renvoyé; elle s'en est vanté publiquement. Le peu de fermeté que nous avons montré nous a trahi. Le peu de fermeté que nous avons montré nous a sauvé. J'ai vu des savans aimables; mais j'en ai trouvé d'un peu lourds. Je ne trouvai point le château au-dessous de la description que vous m'en aviez fait.

2e Vous avez servi plus de viande que nous n'en avons mangé. Il écrivit lui-même des choses plus ingénieuses pour le conseil, que l'archiduc n'en avait prononcé contre les Espagnols. Ces dames vous savent bon gré du peu de défiance que vous avez montré contre les artifices du sexe. Ne pas écrire correctement, c'est dévoilé le peu d'éducation qu'on a reçu. Votre mère était sérieusement malade; le peu de soin que vous lui avez donné l'ont rappelé à la vie. Tout le monde m'a offert des services, et personne ne m'en a rendu. On y ajouta les frais de la peur qu'on en avait conçu. Le peu d'instruction que cet homme a reçu le fait tomber dans mille erreurs.

RÉCAPITULATION *sur les verbes et sur les participes.*

EXERCICES.

PREMIER EXERCICE. Cette femme fut surpris égorgeant son enfant; atteint et convaincu de ce crime, elle fut condamné et exécuté. Les ennemis, profitant des ténèbres de la nuit; sont pénétré dans la ville; ils ont pillé et incendié nos maisons. Avez-vous vu ma sœur? les nouvelles qu'elle a recu l'ont profondément affligé. La maison que j'ai vu bâtir est menacé d'une prompte ruine. Quelle belle armée nous avons vu marcher à l'ennemi! Que de revers elle a essuyé! Les moutons que vous avez laissé paître et ceux que vous avez laissé enlever m'appartiennent.

2e Voilà des circonstances aggravant le délit. La mer était violemment agité, les flots était soulevés. Les personnes qui ont joui des grands biens de ce monde ne sont pas celles qui ont le plus joui. Nous avons reçu vos lettres décacheté, nous ne les avons point ouvert. Ces talents modestes lui ont valu de grands éloges. Les grands éloges que lui ont valu ces talents modestes. Les pleurs que tu a laissé échapper ne nous ont point attendri. Les arbres que tu a fait abattre n'existe plus.

3e Les soldats, à ces picds étendu et mourant, le mettait à l'abri de leurs corps expirant. Ni soupirs ni terreur n'ont ému ces yeux. Les lettres qu'ont reçu Ernest était affranchies. Quant il fut premier ministre, il trouva la France triomphant par la valeur du grand Condé. Voici les tableaux qui nous ont paru charmants, et des vers qui nous ont semblé admirables. Les arbustes que vous avais planté ont péri faute de soins. Ma fille était indisposé, je l'ai envoyé se coucher.

4e Ces ouvrages sont bons; aussi je vous les est donné à lire. Vous avez rendu à votre ami tous les services que vous avez pu. Ce sont des terrains mobile et peu consistant. Nous avons vendu des propriétés consistant en prés, en vignes et en bois. Mes frères ce sont proposé de vous rendre visite aujourd'hui; ils se sont proposé pour vous accompagné. Ces jeunes gens se sont moqué de vous; ils se sont conduit de la manière la plus imprudente.

Ainsi notre amitié, triomphant à son tour,
Vaincra la jalousie en cédant à l'amour.

5e Les cartons que j'ai ordonné qu'on m'apportât ici pour les examiné sont disparu. Vos cousines sont plus intéressantes que je ne me l'était imaginé. Ces deux hommes se sont maltraité réciproquement; les injures qu'ils se sont adressé était bien grossières. Les troupes qu'on a contraint de partir, et qu'on a forcé de se battre se sont retiré dans la citadelle. Les trois cents francs que cet ouvrage nous a coûté ont été mal employé. Les années que nous avons vécu dans la misère nous ont bien ennuyé.

6e L'idée de la nature déclinant efface tout notre plaisir. On voyait l'aiguille déclinant vers le sud. Une dame écrivez : dans le sein paternel je me vis rappelé; un malheur inoui m'en avait exilé. Cet homme cru avoir vu des miracles, et même en avoir fait. Les banquiers que j'ai vu compté de l'argent sont demeuré surpris des sommes qu'on leur avaient volé. La somme que j'ai vu compter était bien insuffisant. Nous avons entendu les bombes éclatant avec un horrible fracas.

7e Voyez la jeune Isaure éclatant d'attraits. Mes fils ne sont pas chez moi; je les avais envoyé cueillir des fruits, et depuis je les ai envoyé chercher par ma servante, qui ne les a pas trouvé. Les présents que j'ai vu refuser était peu dignes d'être offer. Les personnes que j'ai entendu lire était doué du plus bel organe. Nos jardins sont plus beaux que vous ne l'aviez pensé; je les ai fait cultivé par un habile jardinier. Le peu d'ardeur que vous avez montré vous a nui.

8e Vous devez votre salut au peu d'ardeur que vous avez montré. Où sont, mesdemoiselles, les pages que je vous ai vu écrire, et les fables que je vous ai entendu récité? Nous avons mangé plus de pêches que vous n'en avez récolté. Si ses fleurs m'avait appartenu, j'en aurais beaucoup cueilli. Vous connaissez mon pays, voici les nouvelles qu'on m'en a apporté. Les moutons que j'ai trouvé manquer dans ma bergerie, se sont laissé emporté par les loups. On attribura notre retard aux pluies qu'il a fait, aux froids qu'il y a eu et aux orages qui se sont succédé.

9e Ces maisons de commerce que j'ai vu se formé ont acquis un degré d'accroissement dont je ne les aurez pas cru susceptibles. Si l'on peut vivre mille ans en un quart d'heure, à quoi bon compté tristement les jours qu'on aura vécu? Ces contrées sont plus peuplé que vous ne l'aviez cru. Vos sœurs se sont trouvé les premières arrivé au bal; elles se sont montré fort aimables; nous les avons jugé fort spirituelles; on les a offert comme modèles de modestie; on leur a offert de fort jolis présent, qu'elles ont refusé.

10e Les soldats qu'on a laissé sortir de la ville ce sont laissé surprendre par les ennemis. La lionne qu'on a laissé échappé et qui a passé par ici, a laissé de sanglantes marques de son passage; on l'a poursuivi, mais inutilement, elle a échappé à toutes les poursuites qu'on a dirigé contre elle; enfin elle est échappé. Ces personnes discordant entre elles sur des points essentiels, ont résolu de plaidé pour des propos discordant. Nous avons admiré votre fermeté; combien vous en avez déployé dans cette circonstance difficile.

11e Abimelech fit à Sara d'aussi beaux présents qu'elle en avait reçu du Roi d'Egypte. Les difficultés que nous nous étions proposé de résoudre, nous ont effrayé. Les pluies qu'il y a eu nous ont empêché de faire autant de parties de chasse que nous en aurions fait. Quelles sont, mes enfants, les occupations que vous avez eu? Quelles sont les leçons que vous avez appris? Où sont les habits que j'ai envoyé à réparé? Les actions d'éclat qu'a fait nos soldats leurs ont mérité la reconnaissance de la patrie.

12e Les jours que j'ai passé à la campagne m'ont paru des minutes. Les historiens se sont plu à débité bien des mensonges. Les personnes que j'ai vu périr, s'était exposé imprudemment. Ici sont des infortunés palpitant, immobiles au milieu des flammes. Ici sont des infortunés palpitant encore sous des ruines. Les lapins que nous avons lâché dans les garennes, s'y sont tellement plu, qu'ils y ont multiplié prodigieusement. Les nouvelles qu'on m'avait garanti vraies sont démenti aujourd'hui par tous les journaux.

13e Les arbres que j'ai négligé de faire tailler dans la saison, ont tellement dépéri que je les ai cru morts. Si nos ennemis communs se fusse prêté un mutuel secours, nous ne nous serions jamais prêté aux propositions que nous a fait les puissances voisines. Cet enduit forme une pâte molle, mais solide est résistant au feu. La ville de Véis, résistant à toutes les forces romaines, fut surpris plutôt que vaincu. Une femme s'est présenté à la porte, je l'ai fait entré.

14e La force des circonstances les a fait admettre dans notre entreprise. Les inspecteurs sont venu, je les ai laissé feuilleté mes livres. Toutes les nuits que votre mère a pleuré et soupiré, lui ont paru des siècles. Voilà les raisons qu'on avaient prévu qu'il allègueraient. La lettre que j'avais présumé que vous recevriez est enfin arrivé, l'avez-vous reçu? Aimé toujours vos parents; souvenez-vous des peines qu'ils ont eu à vous élevé. Le peu d'aptitude que nous lui avons trouvé pour les sciences abstraites, et le peu de confiance qu'il nous a témoigné, nous ont décidé à interrompre nos leçons.

15e Le peu d'amis que j'ai rencontrés, m'ont rendu tous les services qu'ils ont pu. Les champs qui nous ont vu naître et que nous avons vu cultivé sont devenu l'affreux théâtre de la guerre. Cette faveur est plus grande que je ne l'avez espéré. Cet endroit n'est peuplé que de bons paysans et de quelques bourgeois vivant de leur fortune. Dans les plis du cerveau, la mémoire habitant, y peint de la nature une image vivant.

16e Les plantes qu'ont rafraîchi la rosée du matin brille encore des pleurs que l'aurore a laissé échapper. La gelee qu'il y a eu au printemps a détruit plus de bourgeons qu'elle n'en a laissé. Je le remerci des honneurs que sa protection m'a valu. J'avais deux filles, je les ai fait religieuses. Puisque notre fils est arrivé de l'armée, dites-nous les nouvelles qu'il en a apporté? Voilà des jardins qu'on nous a laissé à soigné, et des marais qu'on nous a donné à défriché.

17° Toutes les affaires que j'ai eu à traité a Paris, et que mon mari m'avez laissé à arrangé, étant terminé, je m'en suis allé. Rien n'égale l'aspect des sites charmants qui borde les rivage verdoyant de la fontaine de Vaucluse. Les bords riant, sont couverts de plantes odorantes naissant au milieu des ronces, rampant, et embellis d'arbrisseaux croissant au milieu d'une verdure éclatant de fraîcheur.

18° Les règles que nous ont donné Burnouf pour étudier la langue grèque sont bien raisonné. La méthode que nous a prescrit ce savant grammairien est claire et à la portée de l'enfance. Les élèves qu'on a vu abusé des bontés de leur maître se sont repenti plus tard de cette conduite inconséquente. Ma fille, je vous interdie la compagnie des jeunes personnes que je vous ai entendu loué et que je vous ai vu trop souvent fréquenter.

19e Les criminels que j'ai vu mené au supplice m'ont paru peu touché de leur situation; je ne les ai pas vu pleuré. L'histoire de la Chine, que vous nous avez conseillé de lire, nous a beaucoup amusé. Mon fils, voilà une histoire que j'ai pensé que tu avais lue. Ma fille me disait : les nouvelles que j'ai su que vous aviez annoncé à mon oncle, m'ont surpris. Les livres que vous avez laissé lire à mes filles les ont corrompu. Nous avons donné à ses élèves plus de couronnes qu'ils n'en avait mérité.

20e Voilà des demoiselles qui ne sont pas aussi instruites que nous l'avions cru; elles sont plus coquettes que nous l'avions imaginé. Votre mère s'est laissé trompé; elle a vendu sa maison, et la somme qu'elle en a tiré n'égale pas les dépenses qu'elle a fait pour l'embellir. Nous avons été rendre visite à cet homme; et les mauvais compliments que nous en avons reçu ont excité notre indignation; mais la vengeance que nous en avons tiré lui a fait vomir encore plus de sottises qu'il ne nous en avait déjà donné.

21e Je serais riche, si j'avais les sommes que se domaine vous a coûté. Julie serait bien plus instruite, si elle avait pu travaillé les heures qu'ella a dormi. Les reproches que ma conduite m'a valu me déchire le cœur. Tu prétends que les précautions que j'ai cru prendre sont vaines; j'ai pourtant employé tous les moyens que j'ai pu pour les faire réussir. Mes sœurs était parti, je les ai rejoint; c'est en vain qu'elles courait, je les ai bientôt atteint, et elles se sont en un instant vu surpasser.

22e Les perdrix qu'Ernest avait promis de nous envoyer ne sont pas encore venu; je les ai désiré assez long-temps, et j'ai résolu de ne plus attendre et de ne plus me fier aux promesses auxquelles vous m'aviez si bien recommandé de ne pas croire. Mais, ose-t-il former le dessin de commandé à ces hommes que j'ai fait mes égaux? Les Athéniens se sont trouvé asservis sans s'en être aperçus. Le peu de délicatesse que vous avez montré dans ces circonstances vous déshonore.

23e Combien de fois ne vous ai-je pas blâmé, Mesdemoiselles, du peu d'attention que vous avez apporté à vos devoirs! Nous ne nous sommes pas laissé intimidé par la crainte des châtiments dont on nous a menacé. Que de soins m'a coûté l'affaire que j'ai entreprise, et que j'ai si mal terminé! Les fidèles qu'on a contraint de renoncé à la religion chrétienne, se sont ensuite laissé mourir de désespoir, à cause de la promesse qu'ils avaient fait d'abjurer une religion qu'ils avait juré de signé de leur sang.

24e Les trois mois qu'ont duré ma correspondance avec ma sœur se sont bientôt écoulé. Ma ferme ne vaut plus les cinquante mille francs qu'elle a valu.

Cette pièce est une des meilleures comédies que j'aie lu. C'est l'aîné de mes fils qu'on a applaudi à la distribution des prix, à cause des nombreux succès qu'il a obtenu. Messieurs, les traductions que je vous ai vu faire sont excellentes.

25e L'hospice des Quinze-Vingts est une des plus belles fondations qu'aient enfanté le règne de Saint-Louis. Nous nous sommes proposé de présenté les changements que le temps et la volonté des hommes a amené. Pourquoi la perte douloureuse que vous avez eu à déploré nous a-t-elle privé de la satisfaction que nous aurions eu de vous posséder penpant quelque temps? Je lui parlerai des moments agréables que nous avons passé ensemble; des peines que son entreprise m'a coûté et des risques que j'ai couru pour lui.

26e Nous avons laissé à nos fermiers le peu de légumes que nous avons récolté cette année. Les frais de transport qu'ils nous eussent coûté aurait plus qu'excédé la valeur que nous en eussions retiré, si nous les eussions fait vendre, ainsi que vous nous y avez engagé. Le peu de fortune que j'ai acquis, je ne l'ai amassé qu'au prix des dangers que j'ai couru et des privations sans nombre que je me suis imposé.

27e Les personnes que vous avez convaincu que nous étions parti le croit bien. Cette maison n'est pas aussi vieille que je l'avais d'abord cru. Je me souviens moins des sommes que m'a coûté vos folies, que des inquiétudes et des chagrins que j'en ai ressenti. Cette femme a été trompé par les deux seul amies qu'elle s'était choisi, et elle ne s'est pas encore consolé des affronts qu'elle en a reçu.

28e Les grandes chaleurs qu'il y a eu au mois de mai ont grillé plus de boutons qu'elles n'en ont laissé. A en juger par les témoignages de douleur qu'elle a fait éclaté, nous nous étions persuadé qu'elle ce serait laissé succombé à son chagrin. Les livres que je vous ai assuré avoir lu ne sont pas ceux que vous m'avez défendu de lire. Nous nous sommes laissé intimidé par les menaces que nous a fait les voleurs qui nous ont arrêté.

29e Nous les avons laissés nous débiter tous les mensonges qu'il ont voulu; mais nous nous sommes imposé la loi de ne pas croire aux récits qu'ils nous ont faits. Les idées que vous avez essayé de reproduire sont bien celles que j'ai vu exprimées dans les vers que vous avez voulu imité. Julie s'était retiré dans votre appartement; mais vous l'en avez renvoyé; vous lui avez montré plus d'indifférence qu'elle ne vous en a témoigné.

30e Toutes les années que l'empereur a régné sur la France ont été signalé par des bienfaits qu'il n'a cessé de répandre sur ceux de ces sujets qui s'en sont montré dignes. Nous nous sommes imaginé que vous possédiez tous les talents que vous nous aviez annoncé. Ces hommes s'était déclaré les maîtres absolus de tous les peuples qu'ils avaient amené à eux par la persuasion. Nos amis se sont laissé soupçonné d'un crime qu'ils ne se sont jamais proposé de commettre.

31e Le peu de bienveillance que vous a témoigné vos enfants vous a rendu mélancolique. Le peu de bienveillance que j'ai éprouvé pendant les trois mois que j'ai vécu dans ce pays, m'engage à y resté. Les paysages qu'ils ont commencé à dessiné ne sont pas ceux que je leurs avais conseillé de choisir. Ce château ne vaut plus aujourd'hui les deux cent mille francs qu'il a coûté; il les auraient toujours valu, si vous n'aviez pas vendu la métairie qui en est dépendant. Je tiens cette nouvelle d'un de vos amis que j'ai rencontré ce matin. La chimie est une des sciences que le besoin du commerce ont le plus répandu.

32e Ces élèves se sont aidé dans les difficultés qu'il ont eu à surmonter, et dans les questions qu'on leurs a donné à résoudre. Le peu d'assiduité que vous avez apporté à vos devoirs me force à vous faire des reproches. Je suis satisfait du peu d'attention que vous avez apporté à faire vos devoirs. Je ne vous ai vu ni vous ni votre sœur, pendant les deux mois que j'ai séjourné dans cette ville. Julie, dans notre dernière promenade au bois de Vincennes, me disait : je me suis vu cruellement désabusé des illusions que je m'étais fait, et je me suis repanti de la bienveillance que m'a témoigné des gens qui s'en sont montré si peu dignes. Voilà, ma chère fille, où vous ont conduit les mauvaises sociétés que je vous ai vu fréquenter.

54me Leçon.

REMARQUES SUR CHAQUE PARTIE DU DISCOURS.

177. Certains substantifs ne s'emploient pas au pluriel, comme : l'*or*, l'*argent*, la *prudence*, la *justice*, le *zèle*, la *santé*, la *faim*, la *soif*, la *charité*, la *vie*, l'*enfance*, l'*innocence*, la *jeunesse*, la *vieillesse*.

178. Les substantifs tirés des langues étrangères ne prènent pas la marque du pluriel ; on écrit : des *pater*, des *ave*, des *duo*, des *trio*, des *quiproquo*, des *te deum*, des *exeat*, etc. Cependant on écrit bien avec un *s* des *bravos*, des *numéros*, des *débets*, des *opéras*, etc., parce que ces mots sont fréquemment employés.

179. Certains substantifs comme *pleurs*, *ancêtres*, *ténèbres*, *funérailles*, *broussailles*, etc., n'ont pas de singulier.

180. Il y a des substantifs qui s'emploient pour les deux genres.

Aide est du féminin quand il signifie *assistance* ; il est du masculin dans *aide-de-camp*, *aide-de-cuisine*.

Aigle, oiseau, est du masculin. En terme d'armoiries, il est du féminin : *les aigles romaines*.

Amour, orgue et délice sont du masculin au sing. et du fém. au plur.

Couple, signifiant le nombre deux, est du fém. : il a mangé une couple de pigeons pour son déjeûner ; mais quand le mot *couple* signifie le mâle et la femelle, il est masc. : il a peuplé sa volière avec UN couple de pigeons.

ENFANT est du masc. quand il désigne un petit garçon ; il est du fém. quand il désigne une petite fille.

EXEMPLE est du fém. quand il désigne un modèle d'écriture ; il est du masc. par-tout ailleurs.

GENS veut l'adjectif qui suit au masc., et l'adjectif qui le précède au fém. : *des gens instruits*, *de bonnes gens*. Le déterminatif *tout* fait exception ; il se met au masc. lorsqu'il précède le mot gens avec un adjectif de tout genre : *tous les braves*, *tous les honnêtes gens ;* mais on dirait : *toutes les méchantes gens.*

55me Leçon.

SUBSTANTIFS COMPOSÉS.

181. Lorsqu'un substantif composé est formé de plusieurs *substantifs* unis par un trait d'union, ils prènent tous les deux la marque du pluriel. Ex. : *un chef-lieu*, *des chefs-lieux ; un chien loup*, *des chiens-loups.*

182. Lorsqu'un substantif composé est formé de deux substantifs unis par une préposition, le premier des deux substantifs prend seul la marque du pluriel. Ex. : *des becs-de-canne*, *des chefs-d'œuvre.*

183. Lorsqu'un substantif composé est formé d'un substantif et d'un adjectif, ils prènent tous les deux la marque du pluriel. Ex. : *des petits pâtés*, *des bouts-rimés.*

184. Lorsqu'un substantif composé est formé d'un substantif et d'un verbe ou d'une préposition ou d'un adverbe, le substantif seul prend la marque du pluriel. Ex. : *des avant-coureurs*, *des arrière-saisons*, *des porte-enseignes*, *des porte-clés*, etc.

185. EXCEPTIONS. On écrit : un *essuie-mains*, des *essuie-mains ;* un *cure-dents*, des *cure-dents ;* un *entre-côtes*, des *entre-côtes ;* un *entre-sols*, des *entre-sols.* Un *essuie-mains* ; c'est-à-dire qui *essuie les mains ;*

un cure-*dents*, c'est-à-dire qui sert à *curer les dents*. On écrit aussi : un ou des *serre-tête*, un ou des *réveille-matin*, c'est-à-dire qui *serre la tête*, qui *réveille le matin*; des *coq-à-l'âne*, des *pied-à-terre*, des *tête-à-tête*, des *blanc-seings*, des *chevau-légers*, des *grand'-mères*, des *grand'-messes*, des *hôtels-dieu*, des *prie-dieu*. Un *bec figues* est un oiseau qui béquète *les figues*; des *rouge-gorge* sont des oiseaux qui ont *la gorge rouge*.

DE LA DÉRIVATION DES MOTS.

186. Le meilleur moyen de bien écrire les substantifs et les adjectifs, c'est de consulter la dérivation. On écrit PARFUMER avec un *m*, parce que ce mot dérive de *parfum*; BORDER, avec un *d*, parce qu'il vient de *bord*; on dit *plomber*, *plomberie*, parce qu'on écrit PLOMB. On écrit *enfanter*, *enfantin*, avec un *t*, à cause de ENFANT. On écrit *grandeur*, *grandiose*, avec un *d*, à cause de GRAND. On écrit *tapissier* avec un *s*, à cause de TAPIS.

On écrit:

Abricotier,	A CAUSE DE	abricot.
Arlequinade,	———	arlequin.
Bavarder,	———	bavard.
Blonde,	———	blond.
Boiserie,	———	bois.
Camper,	———	camp.
Clouer,	———	clou.
Chaude,	———	chaud.
Ceinture,	———	ceint.
Cinquième,	———	cinq.
Sainte,	———	saint.
Saine,	———	sain.
Centième,	———	cent.
Sensé,	———	sens.

Sanguin,	A CAUSE DE	sang.
Compter,	———	compte.
Comté,	———	comte.
Conter,	———	conte.
Concerter,	———	concert.
Darder,	———	dard.
Débuter,	———	début.
Dédaigneux,	———	dédain.
Echafauder,	———	échafaud.
Epaisse,	———	épais.
Exquise,	———	exquis.
Famine,	———	faim.
Finir,	———	fin.
Fruitier,	———	fruit.
Fusiller,	———	fusil.
Galopper,	———	galop,
Goûter,	———	goût.
Importuner,	———	importun.
Inquiéter,	———	inquiet.
Longue,	———	long.
Manier,	———	main.
Nommer,	———	nom.
Panade,	———	pain.
Prudente,	———	prudent.
Percluse,	———	perclus.
Réciter,	———	récit.
Reposer.	———	repos.
Saluer,	———	salue.
Salutation,	———	salut.
Sérénité,	———	serein.
Sourciller,	———	sourcil.
Tarder,	———	tard.
Toiture,	———	toit.
Verte,	———	vert.
Vineux,	———	vin.
Vingtième,	———	vingt.

56me Leçon.

187. Tous les substantifs terminés en *teur*, masculins ou féminins, s'écrivent sans *e* final. Écrivez une *odeur*, une *rougeur*, une *pudeur*, une *fleur*, etc.

EXCEPTIONS. *Heure* et *demeure* prènent un *e* muet; *beurre*, *leurre* (appât trompeur) et *feurre* (paille pour les chaises) s'écrivent avec deux *r* et prènent un *e* muet.

188. Les substantifs féminins terminés en *té*, comme *célérité*, *liberté*, *vérité*, la *cité*, etc., n'ont qu'un *e*. Mais ceux qui expriment un contenu, comme une *hottée*, une *brouettée*, ou qui sont formés sur le participe d'un verbe en *er*, comme une *dictée*, une *portée*, ou bien encore qui sont dérivés d'un substantif, comme une *plumée*, une *soirée*, une *année*, une *portée*, et qui vièneut de *plume*, *soir*, *an*, *porte* prènent deux *e*, dont un accentué.

Il y quelques substantifs masculins terminés par deux *ée*, comme *apogée*, *coryrhée*, *cannée*, *empyrée*, *lycée*, *musée*, *périgée*, *cétacée*, etc.

189. Les substantifs masculins terminés en *ir*, comme *visir*, *décemvir*, *déplaisir*, *nadir*, *élixir*, etc., ne prennent pas un *e* muet; exepté *délire*, *empire*, *messire*, *pire*, *navire*, *porphyre*, *le rire*, *le sourire*, *cachemire*, *martyre* (tourment), *un satyre*, *sbire*, *vampire*, *zéphire* (sans article).

57me Leçon.

Certains substantifs se terminent en OIR *et d'autres en* OIRE.

190. Les substantifs masculins se terminent en *oir* quand on peut changer OIR en ANT. *étouffoir*, *reposoir*, *comptoir*, *dévidoir*, *lavoir*, *frottoir*, etc., se terminent par *oir*, parce qu'on peut dire *étouffant*, *reposant*, *comptant*, *dévidant*, etc.

EXCEPTIONS. *Aspersoir*, *dortoir*. *drageoir*, *manoir*,

soir, *ostensoir*, *boudoir*, *espoir*, s'écrivent par *oir*, quoiqu'on ne puisse pas dire *aspersant*, *dortant*, etc. Écrivez par *oire* tous les substantifs masculins qui ne peuvent devenir participes présents par le changement de *oir* en *ant*, comme *auditoire*, *ciboire*, *directoire*, *conservatoire*; on ne pourrait pas dire : *auditant*, *cibant*, *directant*, *conservatant*. Pourtant écrivez par *oire* : *compulsoire*, *consistoire et grimoire*, *quoiqu'on dise bien compulsant*, *consistant*, *grimant*. Écrivez par *oire*, les substantifs féminins, *armoire*, *écumoire*, *baignoire*, etc. Écrivez encore par *oire* tous les adjectifs, soit masculins, soit féminins, comme : *illusoire*, *méritoire*, *notoire*, *provisoire*, etc., excepté *noir* quand il est masculin.

58me Leçon.

Substantifs terminés en TION, SION, XION, CION.

191. Il y a 1190 mots dans la langue qui finissent par le son SION; 1072 s'écrivent par TION; 105 par SION; 11 par XION, et 2 par CION. Ecrivez par TION tous les mots qui, avant la syllabe TION, ont une des lettres du mot OCCUPAI. J'écris *émotion* par *tion*, parce que la syllabe TION est précédée de *o*, première lettre du mot OCCUPAI; j'écris *action* par TION, parce que TION est précédé de *c*, seconde lettre du mot OCCUPAI; j'écris *locution* par TION, parce que cette dernière syllabe est précédée de *u*, quatrième lettre du mot OCCUPAI. Ecrivez encore par *tion* les mots qui, avant la syllabe TION, ont un *n* ou un *r*, comme *attention*, *prétention*, *désertion*, *insertion*. Les 105 mots qui s'écrivent par *sion*, n'ont jamais avant la finale *sion* une des lettres du mot *occupai*; ainsi j'écris PENSION par *sion*, parce que la syllabe *sion*, n'est pas précédée d'une des lettres du mot OCCUPAI; il en est de même de *couvulsion*, *discussion*, *conversion*, etc.

Les mots en xion sont : *annexion*, *complexion*, *connexion*, *flexion*, *fluxion* et leurs dérivés. Les mots en CION sont *cion* (terme de marine), *scion* (rejeton), *suspicion*.

59me Leçon.

DES SUBSTANTIFS COLLECTIFS.

192. On appèle *substantif collectif* celui qui exprime la *collection* ou la *réunion* de plusieurs objets, comme : *peuple*, *armée*, *forêt*, *la plupart*, *une infinité*, *une multitude*, etc.

193. On divise les collectifs en *général* et en *partitif*, Le collectif *général* est celui qui énonce l'*universalité des objets*, comme : *le peuple*, *l'armée*. Le collectif *partitif* est celui qui désigne *un nombre tiré d'un plus grand nombre*, comme : *la plupart de*, *une infinité de*.

194. L'adjectif, le pronom et le verbe s'accordent toujours avec le collectif *général*, et non avec le substantif qui suit. Ex. : *L'armée des ennemis* A ÉTÉ MISE *en déroute;* MISE s'accorde avec *armée*, et non avec *ennemis*. *Ce troupeau de bœufs* APPARTIENT *à ce fermier;* APPARTIENT s'accorde avec *troupeau*, et non avec *bœufs*. Le collectif *général* est ordinairement précédé d'un de ces mots : *le*, *la*, *ce*, *cet*, *mon*, *ton*.

195. Quand le collectif *partitif* est suivi d'un substantif *pluriel*, l'adjectif, le pronom et le verbe s'accordent avec ce substantif. Ex. : une foule de *séditieux* ENTOURAIENT le sénat; *entouraient* s'accorde avec *séditieux*. Mais l'adjectif, le pronom et le verbe restent au singulier si le collectif partitif est suivi d'un substantif singulier. Ex. : une infinité *de monde* PARLE mal.

60me Leçon.

NU, DEMI, FEU, SUR, MUR, DU.

196. NU et DEMI sont invariables quand ils sont placés avant le substantif. Ex : *nu-pieds*, *nu-tête*, une *demi-aune*, une *demi-heure*. DEMI, placé après le substantif, en prend le genre seulement : *deux*

aunes et demie de drap; quatre heures et demie. Demi ne prend la marque du pluriel que quand il est pris comme substantif : *cette pendule sonne les demies.* FEU, placé avant le déterminatif, est invariable. Ex. : *feu la reine, feu nos rois.* Mais FEU, placé après l'article, s'accorde avec le substantif. Ex. : *la feue reine, nos feus rois.*

Les adjectifs *sûr*, signifiant certain, *mûr*, dans le sens de maturité, et le participe *dû*, prènent l'accent circonflexe sur l'*û*.

61me Leçon.

CENT, VINGT ET MILLE.

197. Le mot CENT prend un *s* au pluriel quand il y a plusieurs *cents* et qu'il est suivi d'un substantif. Ex. : *deux cents hommes, trois cents francs;* mais quoiqu'il y ait plusieurs *cents*, si ce mot n'est pas suivi d'un substantif, il ne prend pas *s : deux cent cinq hommes, trois cent dix francs.*

198. Le mot VINGT prend un *s* dans *quatre-vingts francs, quatre-vingts hommes*, mais quand après *quatre-vingt* il y a un autre nombre, il ne prend pas *s : quatre-vingt* CINQ *centimes, quatre-vingt* HUIT *francs.*

199. Le mot MILLE s'écrit de trois manières: 1°, pour la date des années, on écrit MIL, au lieu de *mille : l'an* MIL *huit cent trente-trois, l'an quatre* MIL *du monde.* MILLE, signifiant le nombre dix fois cent, s'écrit MILLE, et il ne prend jamais *s : trois mille hommes.* MILLE, signifiant une étendue de chemin prend un *s* au pluriel : *ce village est à trois milles de la ville.*

62me Leçon.

MÊME, CHAQUE, CHACUN, AUCUN, NUL.

200. MÊME est *adjectif* ou *adverbe.* MÊME signifiant *semblable* est *adjectif;* alors il précède ordinairement

un substantif; il peut aussi être placé après un seul substantif ou pronom. Ex. : *Les* MÊMES *vertus qui servent à fonder un empire servent aussi à le conserver. Vos parentes vinrent elles-*MÊMES. *Les ennemis* MÊMES *de ce prince l'estiment.*

201. MÊME signifiant *aussi*, *de plus*, est *adverbe ;* dans ce cas, il est invariable et est ordinairement placé après plusieurs substantifs ou après un verbe. Ex. : *j'ai tout à craindre de leurs larmes, de leurs soupirs, de leurs plaisirs* MÊME. On peut dire : *et aussi* de leurs plaisirs. Nous ne devons pas fréquenter les impies; nous devons MÊME les éviter comme des pestes publiques. On peut dire : nous devons *aussi* les éviter, ou nous devons *de plus* les éviter.

202. CHAQUE veut toujours un substantif après lui. CHACUN s'emploie sans substantif. Ne dites pas : ces livres coûtent deux francs *chaque ;* dites : deux francs CHACUN.

203. NUL et AUCUN excluent toute idée de pluralité. Ex. : J'ai vu beaucoup d'hymens, *aucun* d'eux ne me *tente. Nul* bien sans mal, *nul* plaisir sans peine.

Cependant on écrira *nuls pleurs* n'*arrosent* sa tombe, parce qu'*aucun* et *nul* adoptent le pluriel quand ils sont suivis d'un substantif qui n'a pas de singulier.

63me Leçon.

TOUT.

204. TOUT est *adjectif* ou *adverbe*. TOUT est *adjectif* quand il exprime la totalité des personnes ou des choses, et alors il est placé avant un substantif. Ex. : *Tous* les hommes devraient être justes. *Toute* puissance est faible, à moins que d'être unie. J'ai vu *toutes* vos sœurs.

205. TOUT est adverbe quand il signifie *tout-à-fait*, *entièrement*, et alors il reste invariable s'il est placé avant un adjectif qui commence par une

voyelle ou un *h* muet, que cet adjectif soit masculin ou féminin. Ex. :

Vos frères sont *tout endormis*, *tout heureux*.
Vos sœurs sont *tout endormies*, *tout heureuses*.

Tout est encore invariable avant un adjectif masculin qui commence par une consonne ou par un *h* aspiré. Ex. : ces hommes sont *tout stupéfaits*, *tout honteux*.

Tout, adverbe, prend néanmoins le genre et le nombre quand il est placé avant un adjectif féminin qui commence par une consonne ou par un *h* aspiré. Ex. : Vos cousines, en apprenant cette nouvelle, restèrent *toutes saisies*, *toutes honteuses*.

Remarque. On écrira : ces enfants sont *tous aimables*, si l'on veut exprimer qu'ils le sont tous, sans exception ; et l'on écrira : ces enfants sont *tout aimables*, si l'on veut exprimer qu'ils sont *entièrement* aimables.

64me Leçon.

QUELQUE, LEUR.

206. Quelque s'écrit de trois manières : 1° *quelque*, d'un seul mot est article, et il sert à déterminer un ou plusieurs individus, pris dans un plus grand nombre ; dans ce cas, il est placé avant un substantif avec leqnel il s'accorde. Ex. : Je vous paierai dans *quelques* jours. Nous verrons cela *quelque jour*.

207. 2°. Quelque est adverbe et par conséquent invariable, lorsqu'entre *quelque*....et....*que* il se trouve un adjectif seul. Ex. : Les rois, *quelque* puissants *qu*'ils soient, etc. Quelque bonnes *que* soient vos intentions.

Si entre *quelque*...et...*que* il y avait un substantif et un adjectif, *quelque* s'accorderait avec le substantif. Ex. :

Quelques vains lauriers *que* vous promette la guerre. (*Boileau*).

Quelques superbes distinctions *qu'*obtiènent les hommes, ils ont tous une même origine. (*Bossuet*).

Quelques grands biens *que* l'on possède.

(*Régnier-Desmarais*).

208. 2°. QUELQUE, suivi d'un verbe, s'écrit en deux mots : *quel que ;* la première partie *quel* est adjectif, et s'accorde en genre et en nombre avec le substantif sujet du verbe. Ex. : *Quel que* soit votre *pouvoir*. *Quels que* soient vos *desseins*. *Quelles que* soient vos *connaissances*. Vos ressources, *quelles qu'elles* soient.

209. LEUR, placé avant ou après le verbe, ne prend jamais *s*. Dites : je *leur* ai parlé, nous *leur* avons dit, et non : je *leurs* ai parlé, nous *leurs* avons dit.

65me Leçon.

MON, MA, MES, SON, SA, SES, NOTRE, VOTRE, LEUR.

210. Les articles possessifs, *mon*, *ma*, *mes*, *son*, *sa*, *ses*, *leur*, se remplacent par les articles *le*, *la*, *les*, quand il est clairement indiqué à qui appartient l'objet dont on parle, ou quand ils sont suivis d'une préposition qui en tient lieu. Ne dites donc pas : *j'ai mal à* MA *tête ; vous vous êtes cassé* VOTRE *bras ; je tiendrai* MA *parole que je vous ai donnée*. Dites : j'ai *mal à* LA *tête*. JE indique suffisamment que c'est à la tête *de vous* que vous avez mal. *Vous vous êtes cassé* LE *bras ;* vous indique suffisamment que c'est *le bras de vous* que vous avez cassé. *Je tiendrai* LA *parole que je vous ai donnée*.

211. Mais dites : Je vois que *ma jambe* enfle ; car si vous disiez : je vois que *la jambe* enfle, on ne saurait si c'est votre jambe ou celle de Paul qui enfle.

CE et ÊTRE.

212. Ne dites pas : *Ce sont Ernest et Jules* qui iront à la chasse ; dites : *C'est Ernest et Jules* etc. Quand *ce* et *être* se trouvent avant plusieurs subs-

tantifs singuliers ou avant les pronoms *nous* et *vous*, le verbe reste au singulier. Ex. : *c'est* le *fer* et *l'or*; *c'est nous* qui; *c'est vous* qui; et non : *ce sont* nous, *ce sont* vous. CE veut le verbe au pluriel quand ce dernier est suivi d'un substantif pluriel, ou d'un pronom de la 3ᵉ personne plurièle. Ex. : *ce sont vos frères* qui sont venus. *Ce furent les Phéniciens* qui inventèrent la navigation, *ce sont eux* qui. *Ce sont elles* qui.

66ᵉ Leçon.

SON, SA, SES, LEUR, LEURS.

213. Les articles possessifs *son*, *sa*, *ses*, *leur*, *leurs* ne s'emploient, pour les noms des choses, que quand l'objet possesseur est sujet de la même proposition où se trouve l'objet possédé. On dit bien : chaque *âge* a *ses* plaisirs, *son* esprit et *ses* peines, parce que *plaisir, esprit* et *peines*, qui sont les objets possédés, sont dans la même proposition que l'objet possesseur *âge*. Mais quand *son*, *sa*, *ses*, *leur*, ne sont pas exprimés dans la même proposition que l'objet possesseur, il faut les remplacer par un des articles *le*, *la*, *les*, et le pronom *en*. Ne dites donc pas : *La patience est amère*, SON *fruit est doux;* ni : *nourri dans le sérail, je connais* SES *détours;* car *son* se rapporte à *patience*, qui n'est pas dans la même proposition que *fruit;* et *ses* se rapporte à *sérail* qui n'est pas dans la même proposition que *détours*. Dites : *La patience* est amère, *le* fruit *en* est doux; nourri dans *le* sérail, j'*en* connais les détours.

Ne dites pas non plus : Étudiez les langues anciennes, apprenez à connaître *leurs* beautés; dites : Étudiez les langues anciennes, apprenez à *en* connaître *les* beautés.

214. Pourtant on emploie bien *son*, *sa*, *ses*, *leur* pour des noms de choses, quand ces noms sont précédés de la préposition *de* Ex. : Ce fleuve est rapide, la profondeur de *son* lit est remarquable.

67me Leçon.

Le *représentant un substantif ou un adjectif.*

215. Le pronom *le* est invariable quand il représente un adjectif ou plusieurs mots; si l'on demandait à une dame : *êtes-vous* MARIÉE? elle devrait répondre : *Oui, je* LE suis; et non : je LA suis, parceque le mot LE se rapporte à l'adjectif *mariée;* je suis CELA, *mariée.* Êtes-vous *peureuse? Oui, je* LE *suis.* Êtes-vous *chasseurs?* oui, nous *le* sommes; et non : nous LES sommes, parce que le mot *le* se rapporte au substantif *chasseurs,* qui est employé sans article. Nous sommes CELA, chasseurs.

216. Le pronom LE est variable lorsqu'il tient la place d'un substantif. Ex. : *Êtes-vous* LA *mariée?* Oui, je LA suis, parce que le pronom LA représente le substantif *la mariée.* Êtes-vous LES chasseurs du Roi? oui nous LES sommes, *les chasseurs.* On dira donc : Êtes-vous *maîtresse* de cette maison? Oui, je LE suis; et êtes-vous *la maîtresse* de cette maison? oui, je LA suis.

217. On emploie LE avant les adverbes *plus, mieux, moins,* quand on veut indiquer la qualité portée au plus haut degré, et sans aucune comparaison à d'autres objets. Ex. :

Cette actrice est LE PLUS *communément applaudie.*

(C'est-à-dire qui est presque toujours applaudie.)

Les roses sont les fleurs qui me plaisent LE PLUS.

Mais on emploie *le, la, les,* avant *plus, mieux, moins,* pour exprimer une comparaison qui a rapport à d'autres objets. Ex. :

Cette actrice est LA PLUS *sévèrement jugée.*

(C'est à-dire, jugée plus sévèrement que les autres actrices.)

68me Leçon.

VOUS, TU, LUI, EUX, ELLE, SOI.

218. Le pronom VOUS, employé pour TU, veut le verbe au pluriel ; mais l'adjectif suivant reste au singulier; Ex. : *mon* fils, *vous serez* ESTIMÉ, si *vous êtes* SAGE.

219. Les pronoms *lui*, *eux*, *elle*, se disent des personnes et des choses ; mais on ne doit pas les employer comme compléments indirects, sur tout quand ils représentent des noms de choses ; dans ce cas, on les remplace par le mot *en* et *y*. Ne dites pas, en parlant d'une table : *je m'approchai d'*ELLE, *je m'assis sur* ELLE. Dites : *je* M'EN *approchai*, *je m'*Y *assis*. Ne dites pas non plus : *Ce chien est à craindre, ne vous fiez pas à* LUI. Dites : *ne vous-y fiez pas*.

220. Le pronom SOI ne s'emploie qu'après un sujet vague et indéterminé, comme ON, *chacun*, *quiconque*, *ce*, ou après un infinitif ou un participe présent. Ex. : ON *ne doit jamais parler* de SOI ; CHACUN *songe à* SOI ; N'AIMER *que* SOI. Cependant, en parlant des choses, on dit bien : *La vertu est aimable* de SOI. *Le vice est odieux* de soi. *Le chat ne pense que pour* SOI.

REMARQUE. Le pronom SOI ne peut pas se rapporter à un pluriel ; ne dites pas : *Ces choses* sont indifférentes de SOI. Dites ; ces choses sont indifférentes *d'elles-mêmes*.

69me Leçon.

QUI, QUE, DONT.

221. Les pronoms *qui*, *que*, *dont*, doivent toujours être placés près du substantif ou du pronom auquel ils se rapportent, et que l'on appèle antécédent ; dites : *je vous envoie, par ma servante, un chien*

QUI a les oreilles coupées; et non : je vous envoie un chien par ma servante QUI a les oreilles coupées.

222. Qui, précédé d'une préposition, ne se dit jamais des choses, mais seulement des personnes; ainsi ne dites pas : *la grammaire* A QUI *je m'applique*; dites : *à laquelle*. Ne dites pas non plus : *L'arbre* SUR QUI *je suis monté*; dites : *sur lequel*. On dira très-bien : la personne *à qui* ou *à laquelle* je me confie.

223. REMARQUE. Il faut dire : C'est en Dieu QUE nous devons mettre notre confiance, et non pas EN QUI; c'est à vous QUE je veux parler, et non pas A QUI; c'est de cet homme QUE je vous parle, et non pas de QUI. Dans ces phrases QUE n'est pas pronom relatif, il est conjonction.

224. QUI relatif est toujours du même genre et du même nombre que son antécédent; dites : c'est *moi qui* ai vu, c'est *toi qui* as vu, c'est *lui qui* a parlé; et non : c'est moi qui *a* vu, c'est toi qui *s'est* trompé; dites encore : c'est nous qui *avons* parlé; et non : qui ont parlé; c'est vous qui *buvez;* et non : qui *boit*.

70me Leçon.

CELUI-CI, CELUI-LA, ON.

225. CELUI-CI, CELUI-LA, s'emploient de cette manière : CELUI-CI, pour représenter la personne ou l'objet dont on a parlé en dernier lieu; CELUI-LA, pour représenter la personne ou l'objet dont on a parlé en premier lieu. Ex : *Les deux philosophes* HÉRACLITE *et* DÉMOCRITE *étaient d'un caractère bien différents : celui-ci* (DÉMOCRITE) *riait toujours, celui-là* (HÉRACLITE) *pleurait sans cesse.*

226. Ceci désigne une chose proche, et CELA une chose plus éloignée. Ex. : *je n'aime pas* CECI; *donnez-moi* CELA.

227. Le pronom ON s'emploie au commencement d'une phrase; dites : ON *fuit les impies;* et non :

L'ON *fait les impies*. On emploie L'ON après les conjonctions *et, si, ou : et l'on rit, si l'on pense, ou l'on joue;* à moins qu'il n'y ait après ces conjonctions un mot qui commence aussi par un *l*, ce qui produirait un son désagréable; dites : *et on le voit, si on le veut, ou on le verra;* et non pas: *et l'on le voit, si l'on le veut, ou l'on le verra.*

Dites aussi, pour rendre la prononciation plus douce: *ce que l'on conçoit, il faut que l'on convièn*e; et non pas: *ce qu'on conçoit, il faut qu'on convièn*e.

71me Leçon.

AUTRUI, CHACUN, PERSONNE.

228. AUTRUI n'est susceptible ni de genre ni de nombre, et il ne se joint jamais avec les articles possessifs *son, sa, ses, leur.* EN est le seul pronom qui puisse être en rapport avec lui. Ne dites pas : *On ne médit souvent d'*AUTRUI, *que parce qu'on craint de voir relever* SON *mérite;* dites : que parce qu'on craint d'*en* voir relever *le* mérite. Ne dites pas non plus : *En épousant les intérêts d'*AUTRUI, *nous ne devons pas épouser* SES *passions;* dites : nous ne devons pas *en* épouser *les* passions.

229. CHACUN. Quand ce pronom se rapporte à un substantif pluriel, il prend après lui, tantôt *son, sa, ses*, et tantôt *leur, leurs*. CHACUN prend *son, sa, ses*, quand il est placé après le complément du verbe, ou qu'il n'a pas de complément. Ex. : *Il faut remettre ces livres-là*, CHACUN *à* SA *place.*

CHACUN prend *leur, leurs*, quand il est placé avant le complément du verbe, et alors on le met entre deux virgules. Ex. : *remettez*, CHACUN *en* LEUR *place, les livres* que vous avez lus. *Ils ont apporté*, CHACUN, *leur offrande.*

230. PERSONNE est masculin quand il est employé comme pronom, et alors il ne prend pas l'article. Ex. : *je ne connais* PERSONNE *plus* HEUREUX que lui. Mais PERSONNE est féminin quand il est employé comme substantif. *Cette personne* est très-*heureuse.*

72me Leçon.

Remarques sur l'accord du verbe avec son sujet.

231. Le sujet d'un verbe ne doit point être exprimé deux fois, quand un seul sujet suffit. Ne dites pas :

> Louis *en ce moment prenant son diadème,*
> Sur le front du vainqueur il le posa lui même.

Louis étant sujet de ***posa***, le pronom ***il*** est surabondant et vicieux.

232. Nous avons dit que le verbe s'accorde en nombre et en personne avec son sujet ; comme : le ***soleil*** nous ***envoie*** sa propre lumière, et les ***planètes*** ne nous ***envoient*** qu'une lumière empruntée ; que quand un verbe se rapporte à deux sujets singuliers, on le met au pluriel ; comme : le ***naufrage*** et la ***mort sont*** moins funestes que les plaisirs qui attaquent la vertu. Voici pourtant des exceptions.

1° On met le verbe au ***singulier*** quand les sujets sont séparés par la conjonction ***ou***. Ex. :

La ***crainte*** ou ***l'espérance*** les ***empêcha*** de remuer.

2° Quand les deux sujets unis par ***ou*** sont de différents nombres, le verbe s'accorde avec le dernier. Ex. : le ***crédit*** ou les ÉMOLUMENTS attachés à cette place, la lui ***font*** rechercher. Les ***émoluments*** ou le CRÉDIT attaché à cette place, la lui ***fait*** rechercher. 3° Si les sujets unis par ***ou*** sont de différentes personnes, on met le verbe au pluriel et à la personne qui a la priorité : la première l'a sur la seconde, et celle-ci l'a sur la troisième : ***vous*** ou votre ***frère viendrez*** me voir ; ***Joséphine*** ou ***moi irons*** à la promenade ; ***vous*** ou ***lui parterez***. On ferait mieux de répéter le sujet qui a la priorité. Ex. : ***Vous ou votre frère***, VOUS ***viendrez me voir ; Joséphine ou moi***, NOUS ***irons à la promenade.***

73me Leçon.

233. 4°. On met encore le verbe au singulier, quand il y a une expression qui réunit tous les substantifs en un seul sujet; comme *tout*, *rien*, *personne*. Ex.: *grands et petits*, *riches et pauvres*, PERSONNE *ne doit se soustraire à la loi*. *Paroles*, *regards*, TOUT *est charme dans vous*.

234. 5°. Si les deux sujets sont unis par une des conjonctions *comme*, *de même que*, *ainsi que*, *autant que*, *non moins que*, *aussi bien que*, le verbe s'accorde avec le premier sujet. Ex.:

La *France*, COMME l'*Angleterre*, A *combattu pour la liberté*.

La *vertu*, NON MOINS QUE *la richesse*, REND l'homme heureux.

235. 6°. Lorsque les substantifs sujets sont liés par NI répété, et qu'il n'y a qu'un des deux sujets qui doive faire ou recevoir l'action exprimée par la phrase, on met le verbe au singulier. Ex.: *Ni votre tante ni la mienne ne* SERA NOMMÉE supérieure du monastère (Il ne faut qu'une supérieure). Mais si deux sujets font ou reçoivent en même temps l'action, et qu'il n'y ait pas d'exclusion, on met le verbe au pluriel. Ex.: *Ni l'or ni la grandeur ne nous* RENDENT *heureux*.

236. 6°. On fait aussi accorder le verbe avec le dernier substantif, quand ces substantifs ont à peu-près la même signification. Ex.: *La bravoure, l'intrépidité de Turenne* ÉTONNAIT *les plus braves*. Dans ce cas, il ne faut point unir les deux sujets par la conjonction *et*.

74me Leçon.

PLACE DU SUJET.

237. Dans les phrases interrogatives, on place le sujet après le verbe, et on l'y joint par un trait d'union. Ex.: *Partirez-vous demain? Êtes-vous sage? irai-je? viendras-tu? est-il arrivé? aimé-je?*

238. L'usage ne permet pas toujours cette manière d'interroger à la première personne, parce que la prononciation en serait rude et désagréable. Ne dites pas : *Cours je? mens-je? dors-je? sors je?* prenez un autre tour, et dites : *est ce que je cours? est-ce que je mens? est-ce que je sors?*

239. Quand le verbe finit par une voyelle, on ajoute un *t* avant les pronons *il*, *elle*, *on*, et l'on place ce *t* entre deux traits-d'union. Ex. : *appèle-t-il? viendra-t-elle? aime-t-on les paresseux?*

240. Les pronoms personnels en sujet, *je*, *tu*, *il*, *se*, se répètent : 1°. Quand il y a deux propositions de suite, dont la première est négative et la seconde affirmative, ou dont la première est affirmative et la seconde négative. Ex. : JE *le dis* et JE *ne le pense pas*. Tu *ne dis rien et tu désires parler ;* 2° Quand les propositions sont liées par tout autre conjonction que par *et*, *mais*, *ni*.

75me Leçon.

EMPLOI DES TEMPS DE L'INDICATIF.

241. Le présent de l'indicatif sert à exprimer qu'une chose EST ou SE FAIT au moment où l'on parle. Quand je dis : *je marche*, *nous chantons*, c'est comme si je disais : *je suis actuellement marchant*, *nous sommes actuellement chantant*.

242. On emploie aussi le présent au lieu du *passé*, pour donner au discours plus de vivacité et de grâce ; ainsi l'auteur de la Bible en vers a pu dire :

Dieu PARLE. *l'homme* NAÎT ; *après un court sommeil*
Sa modeste compagne ENCHANTE *son réveil ;*

Au lieu de ; *Dieu* PARLA, *l'homme* NAQUIT, *sa modeste compagne* ENCHANTA *son réveil*. Mais lorsqu'on emploit le présent pour le passé, il faut que tous les verbes qui sont en rapport au présent, soient aussi au présent. On ne pourrait pas dire : Dieu *parle*, l'homme *naît* ; après un court sommeil sa modeste compagne *enchanta* son réveil.

243. L'IMPARFAIT s'emploie pour marquer une action habituelle ou souvent réitérée, en la considérant relativement à une autre action passée. Ex. :

Je QUITTAIS *ces lieux quand tu y* ARRIVAS ; *j'*ÉCRIVAIS *à mon frère quand je* REÇUS *sa lettre.*

244. Mais on n'emploie pas l'*imparfait* pour exprimer une chose *vraie dans tous les temps.* Ne dites pas : *je vous ai dit que l'adjectif s'*ACCORDAIT *en genre et en nombre avec le substantif qu'il qualifie.* Dites : *que l'adjectif s'*ACCORDE ; car l'adjectif s'accorde toujours avec le substantif qu'il qualifie. Ne dites pas non plus : *je vous ai dit que l'étude* ADOUCISSAIT *les mœurs.* Dites : ADOUCIT.

76me Leçon.

245. LE PRÉTÉRIT DÉFINI ne doit s'employer que pour exprimer un temps entièrement écoulé, et dont l'époque est déterminée ou éloignée. Ex. : *nous nous* VOUÂMES *une éternelle amitié dès que nous nous* VÎMES. J'ÉCRIVIS *hier, ou la semaine dernière, ou le mois passé, ou l'an passé à votre père.* Mais ne dites pas : *j'*ÉCRIVIS *ce matin, cette semaine, ce mois-ci, cette année à votre père.* Ce serait faire une faute que de dire : *je reçus* ce mois-ci une lettre de mon fils, et je lui *répondis* cette semaine ; parce que le mois et la semaine ne sont pas entièrement écoulés.

246. LE PRÉTÉRIT INDÉFINI s'emploie indifféremment pour un temps passé, soit qu'il en reste encore une partie à s'écouler, soit qu'il n'en reste plus rien. Ex. : J'AI PARCOURU *hier ou aujourd'hui les belles promenades du Luxembourg.* J'AI ÉCRIT *le mois dernier à vos parents, et je leur* AI *encore* ÉCRIT *ce mois-ci*

247. LE PLUSQUE-PARFAIT s'emploie pour une chose, non seulement passée en soi, mais encore passée à l'égard d'une autre chose qui est aussi passée. Lorsque je dis : *j'avais dîné quand vous vîntes me demander*, je veux dire que l'action de mon dîner *était*

passée à l'égard de votre *arrivée*, ou du temps où vous *vîntes*, qui est aussi un temps passé, relativement à celui où je parle. On doit bien se garder d'employer le *plusque-parfait* pour le *prétérit défini*. Ne dites pas : *nous avons appris que vous* AVIEZ FAIT *un naufrage en arrivant au Pérou ;* dites : *que vous avez fait.*

248. LE CONDITIONNEL PRÉSENT s'emploie pour exprimer une condition dans un temps présent. On ne doit pas l'employer pour le futur. Ne dites pas : *votre père a dit que vous* IRIEZ *au collége l'an prochain:* dites : *que vous irez.*

249. Il ne faut pas non plus employer le *conditionnel présent* pour le *conditionnel passé* Ne dites pas : *vous m'avez promis que vous* SERIEZ VENU *me voir ;* dites : QUE VOUS VIENDRIEZ.

77me Leçon.

EMPLOI DU SUBJONCTIF.

250. Quand deux verbes sont unis par la conjonction QUE, et que le premier exprime une idée de *désir*, de *doute*, de *surprise*, de *crainte*, ou une *volonté*, on met le second verbe au subjonctif. Ex. : *Je désire* QUE *vous* ÉTUDIIEZ. *Je crains* QUE *tu* PÉRISSES. *Le roi veut* QUE *vous* EXÉCUTIEZ *ses ordres. Je souhaite* QU'*il viène Il ne paraît pas* QUE *votre oncle* SOIT *décidé à venir.*

251. On met encore le second verbe au subjonctif : 1° après les conjonctions suivantes : *quoique, afin que, quelque.... que, bien que, avant que, au cas que, encore que, jusqu'à ce que, loin que, soit que, supposé que, pour que, pourvu que, sans que, sinon que.* Ex. :

Quoique vous *travailliez* beaucoup, vous ne devenez pas riche. Ce livre est toujours sur le bureau, *afin qu'*on *puisse* le consulter. Ils se sont querellés *avant que* je *fusse* venu. *Bien que* vous le *souhaitiez*, je ne le puis pas.

2° Après les pronoms relatifs *qui*, *que*, *dont* et *où*, quand ils sont précédés d'un substantif ou d'un des mots *le premier*, *le seul*, *l'unique*, *personne*, *rien*, *aucun*, *pas un*

3° Après les verbes impersonnels *il convient*, *il importe*, *il faut*, quand ils ne sont pas précédés d'un complément indirect.

4° Après un verbe accompagné d'une négation, ou qui exprime une interrogation. Ex. :

LA PLUS BELLE *vertu* QUE *l'homme* PUISSE *posséder*, c'est la bienséance. *Je le crois* LE PLUS RICHE *propriétaire* QUI SOIT *dans cette ville. Votre paresse est* LA MOINDRE *chose* DONT *votre maître se* PLAIGNE. *C'est le premier homme* QUI *ne lui* RENDE *pas justice. C'est le* SEUL *homme* QUI VIVE *de la sorte* IL N'Y A RIEN *que je ne* FASSE *pour vous. Il n'a fait* AUCUNE *disposition qui* SOIT *valable Présumez-vous* QU'*il* FASSE *moins chaud demain?*

78me Leçon.

EMPLOI DES TEMPS DU SUBJONCTIF.

252. Si le premier verbe est au *présent* ou au *futur* simple, on met le second verbe au *présent* ou au *prétérit* du subjonctif.

Si le verbe au subjonctif marque une action à venir, il faut le mettre au présent. Ex. :

Je ne crois pas / *Je ne croirai pas* } *que vous* PARVENIEZ *à cet emploi.*

PARVENIEZ est au présent du subjonctif, parce qu'il marque une action *à venir*.

Je ne crois pas / *Je ne croirai pas.* } *que vous* L'AYEZ *trompé.*

AYEZ TROMPÉ est au *prétérit*, parce qu'il marque une action passée.

253. 1re REMARQUE. Après le *présent* et le *futur* de l'indicatif, on emploie l'*imparfait* du subjonctif au lieu du *présent*, le *plusque-parfait* au lieu du

prétérit, lorsque le second verbe est suivi d'une expression conditionnelle. Ex. :

Je ne crois pas / *Je ne croirai pas* } *qu'il* PARVÎNT *à cet emploi*, SANS VOTRE PROTECTION.

PARVÎNT est à l'***imparfait***, à cause de l'expression conditionnelle, ***sans votre protection.***

On met le second verbe au prétérit, si l'on veut exprimer une action passée.

Je ne crois pas / *Je ne croirai pas* } *qu'il* EUT OBTENU *cette place*, SI VOUS NE L'EUSSIEZ PROTÉGÉ.

EUT OBTENU est au ***plusque-parfait***, et parce qu'il marque une action passée, et à cause de l'expression conditionnelle, ***si vous ne l'eussiez protégé.***

254. 2e REMARQUE. Quand le premier verbe est au ***futur passé***, on met le second verbe au prétérit du subjonctif. Ex. :

IL AURA FALLU ***que vous*** AYEZ EU ***beaucoup de prudence dans cette affaire.***

79me Leçon.

255. Si le premier verbe est à l'***imparfait***, à l'un des ***prétérits***, ou à l'un des ***conditionnels***, on met le second verbe à l'***imparfait*** ou au ***plusque-parfait*** du subjonctif.

On le met à l'IMPARFAIT, ***si l'on veut exprimer une action présente ou futur;*** et au PLUSQUE-PARFAIT, ***si l'on veut exprimer une action passée.***

Il désirait
Il désira
Il a désiré
Il eut désiré
Il avait désiré
Il désirerait
Il aurait désiré
Il eut désiré
} *que vous* PARLASSIEZ *en sa faveur.* ou *que vous* EUSSIEZ PARLÉ *en sa faveur.*

256. REMARQUE. On met toujours le second verbe au présent du subjonctif, ***quel que soit le temps du premier***, lorsque l'action ou l'état marqué par le

second verbe exprime une *vérité constante*, une chose qui existe encore au moment où l'on parle :

Vous AURIEZ TROUVÉ *mon vin agréable, quoiqu'il ne* VAILLE *pas le vôtre.*

Vaille est au *présent*, parce que mon vin *vaut* encore mieux que le vôtre ;

*Voltaire n'*A EMPLOYÉ *aucune fiction qui ne* SOIT *l'image de la vérité.*

Soit est au présent, car ces fictions sont encore l'image de la vérité.

80me Leçon.

REMARQUES SUR L'INFINITIF.

257. Les infinitifs n'ayant pas la propriété du nombre, ne peuvent communiquer la forme du pluriel aux verbes dont ils sont les sujets. Ex. : *boire, manger, dormir, c'est leur seule occupation.*

258. On peut employer deux infinitifs de suite, et alors le second est le complément du premier ; mais trois infinitifs rendent le style diffus. Ne dites pas : je crois *pouvoir aller voir* mes amis. Dites : *je crois que je* POURRAI aller voir mes amis.

259. L'infinitif employé comme complément et précédé des prépositions *sans*, *pour*, *à*, etc., veut avoir pour sujet celui de la proposition où il se trouve. Ne dites donc pas : *on ne recevra pas de lettres sans* ÊTRE *affranchies ;* mais dites : *les lettres ne seront pas reçues sans être affranchies* Ne dites pas non plus : *le jour étant trop avancé pour se* METTRE *en marche, on s'arrêta au bord du fleuve* Ne semble-t-il pas que ce soit le jour *qui va se mettre en marche ?* Ne dites pas : le vin est fait *pour boire*. Dites : le vin est fait *pour qu'on le boive.*

81me Leçon.

REMARQUES SUR LES COMPLÉMENTS.

260. Il faut donner à chaque adjectif et à chaque

verbe le complément qui lui convient et que lui assigne le bon goût. On dira :

> Le bonheur le plus grand, le plus digne d'envie,
> Est celui d'être *utile* et *cher* à sa patrie.

On peut dire *utile* à sa patrie, *cher* à sa patrie. Mais on ne pourrait pas dire : cet homme est *utile* et *chéri* de sa famille; car *utile* veut A, et *chéri* veut DE; dans ce cas, on prend un autre tour et l'on dit : *cet homme* est *utile* à sa famille et EN est chéri.

261. Pour la même raison on dira : cette armée attaqua et prit LA VILLE, parce que le complément *la ville* convient également à *attaqua* et à *prit;* mais on ne pourrait pas dire : cette armée *attaqua* et *s'empara* DE LA VILLE, parce que le complément *de la ville* ne convient point à *attaqua*, qui veut un complément direct; dans ce cas, on se sert du pronom EN, et l'on dit : *il attaqua la ville et* s'EN *empara.*

262. Quand un verbe a deux compléments, l'un direct, l'autre indirect, le goût veut que l'on place d'abord celui de ces deux compléments qui est le plus court. Ex. :

Malheur à celui qui ne sait pas sacrifier LES PLAISIRS *aux devoirs de l'humanité.*

Par-tout la pauvreté sert, A PEU DE FRAIS, *la richesse qui lui procure l'existence.*

263. Si les deux compléments sont d'égale longueur, le complément direct doit se placer le premier. Ex. :

Le vrai courage trouve toujours QUELQUES RESSOURCES *contre l'adversité.*

82me Leçon.

264. Si le verbe a pour complément plusieurs mots unis par une des conjonctions *et*, *ni*, *ou*, les mots doivent être de la même espèce. Dites : *Il aime la* PÊCHE *et la* CHASSE; et non : *il aime à pêcher et la chasse* De même on ne dirait pas; *il n'aime ni le* JEU

ni à ÉTUDIER. Il faut : *il n'aime ni le jeu ni l'étude*, ou *il n'aime ni à jouer ni à étudier*.

265. Nous avons dit que les verbes intransitifs (neutres) ne peuvent avoir de complément direct. Ne dites donc pas : *ils se nuisent* L'UN L'AUTRE. Dites : *ils se nuisent* L'UN À L'AUTRE.

366. Certains verbes se refusent à avoir pour complément un nom de personne, d'autres, un nom de chose. Ne dites pas : *ces hommes étaient bien criminels, cependant on* LES a *pardonnés de leurs crimes ;* ni : *je consolerai* VOS LARMES. On ne dit pas : *pardonner quelqu'un ;* donc pardonner ne peut point avoir de complément direct pour les personnes. On ne dit pas *consoler quelque chose*. Il faut : *on* LEUR *a pardonné leurs crimes. Je tarirai vos larmes.*

267. Après les verbes passifs on emploie *de* ou *par*. Il faut employer DE quand le verbe exprime des actes intérieurs de l'âme auxquels le corps n'a point de part : *Un jeune homme vertueux est estimé* DE *tout le monde.*

On emploie PAR quand le verbe présente une opération de l'esprit ou une action du corps : *la poudre à canon fut inventée* PAR *le cordelier Berthold Schwartz, vers la fin du 13e siècle ; et les bombes, par Gallen, évêque de Munster, vers le milieu du 17e siècle.*

83me Leçon.

REMARQUES SUR L'EMPLOI DE CERTAINES PRÉPOSITIONS.

268. Les prépositions PRÈS, PROCHE, VIS-A-VIS, veulent DE après elles. Dites : il demeure *près de, proche de, vis-à-vis de* l'église ; et non : *près, proche, vis-à-vis l'église.*

269. AU TRAVERS veut être suivi de la préposition DE : *au travers des* ennemis. À TRAVERS la rejète : *à travers les* ennemis.

270. PRÈS, AUPRÈS, ne doivent pas être confondus.

Le premier emporte seulement une idée de proximité; le second exprime une idée d'alentour, d'assiduité. Ex. : malheur à qui est *près* du trône, c'est-à-dire à *proximité* du trône. Ce jeune enfant est toujours *auprès* de sa mère. (Il y est assidu).

271. PRÈS DE signifie *sur le point de:* les beaux jours sont *près de* finir. PRÊT A signifie *disposé à:* l'ignorance est toujours *prête à* s'admirer. Celui qui est *près de* mourir, n'est pas toujours *prêt à* mourir.

272. ENVERS, A L'ÉGARD, VIS-A-VIS. Ne dites pas : ton ami s'est montré ingrat *vis-à-vis* de moi; dites : *envers* moi. Ne dites pas non plus : il était fier *vis-à-vis* de ses supérieurs; dites: *à l'égard* de ses supérieurs.

84me Leçon.

273. ENTRE, PARMI. Ne dites pas ; la vérité doit être admise *entre* les hommes; dites : *parmi* les hommes. *Entre* se dit de deux objets : *entre* Rome et Carthage. *Parmi* se dit d'un plus grand nombre d'objets : *parmi* les hommes, *parmi* la foule.

274. Les prépositions *à*, *de*, *en*, se répètent avant chaque complément : quand jouirons-nous DE la paix, DE la tranquillité? J'ai voyagé *en* Europe, *en* Asie et *en* Amérique.

375. Toutes les prépositions d'une syllabe se répètent quand les compléments n'offrent aucune ressemblance de signification. Ne dites pas : j'ai lu *dans* l'histoire et la géographie. Dites : j'ai lu *dans* l'histoire et *dans* la géographie. Mais dites : Turenne ne perdit pas ses premières années *dans* la mollesse et l'oisiveté, ces deux substantifs ayant à peu près la même signification.

276. Ne confondez pas AUTOUR et A L'ENTOUR. *Autour* est une préposition, et est toujours suivi d'un complément : *autour du trône; à l'entour* est un adverbe, et ne peut pas avoir de complément : il était sur son trône, et ses fils étaient *à l'entour*.

277. DURANT, préposition qui exprime une idée de

durée sans interruption ; il ne faut pas l'employer pour PENDANT. On pourra dire à une personne qui a toujours été heureuse : vous avez été heureux *durant* votre vie ; et non : *pendant* votre vie ; parce qu'on entend ici toute la durée. Mais on dira : vous avez fait une belle action *pendant* votre vie. On voit que *pendant* exprime simplement une idée de temps.

85me Leçon.

REMARQUES SUR L'EMPLOI DE CERTAINS ADVERBES.

278. AUPARAVANT, DEDANS, DEHORS, DESSUS, DESSOUS sont des adverbes : et comme tels, ils ne peuvent avoir de complément. Ne dites pas : *vous êtes parti* AUPARAVANT *moi ; placez le service* DESSUS *la table ; mettez ces marchandises* DESSOUS *les rayons*. Dites : *vous êtes parti* AVANT *moi ; placez le service* SUR *la table ; mettez ces marchandises* SOUS *les rayons*.

Cependant *dessus*, *dessous*, *dedans*, *dehors*, précédés d'une préposition, admètent après eux le complément de la préposition qui les précède : *ôtez le service* DE *dessus la table ; cet enfant passa* PAR *dessus les murs*.

279. PLUS, DAVANTAGE ne s'emploient pas l'un pour l'autre. *Davantage* ne peut être suivi de la préposition DE, ni de la conjonction QUE. On ne dirait pas : *il y a davantage de brillant* QUE de solide ; mais : *plus* de brillant.

280. PLUS TÔT, PLUTÔT, ne signifient pas la même chose ; *plus tôt* s'écrit en deux mots pour signifier *plus vite ;* c'est l'opposé de *plus tard :* si vous fussiez parti *plus tôt*, je vous aurais donné la préférence ; c'est-à-dire, *plus vite*. *Plutôt*, en un mot, marque *la préférence :* PLUTÔT souffrir que de mourir.

281. DE SUITE, TOUT DE SUITE. La première expression signifie *sans interruption*, *successivement :* il ne saurait dire deux mots *de suite*. Il a bu trois

coups *de suite*. La seconde signifie *sur-le-champ*, venez *tout de suite*; c'est-à-dire *aussi-tôt*

282. LA, OU. Ne dites pas : c'est *là où* il périt; c'est *là où* je demeure. Dites : c'est *là qu'il* périt; c'est *là que* je demeure.

283. TOUS DEUX, TOUS LES DEUX. La première expression signifie *l'un avec l'autre*. Ex. : Ernest et Julie dansaient *tous deux* à ce quadrille; c'est-à-dire *ensemble*. La seconde signifie *l'un et l'autre* : Ernest et Jules iront tous les deux à la chasse. Ils iront l'un et l'autre, mais pas ensemble.

86me Leçon.

REMARQUES SUR L'EMPLOI DE QUELQUES CONJONCTIONS.

284. QUOIQUE, en un seul mot, signifie *bien que* : cet homme a succombé à la maladie, *quoiqu'il* fût fort, c'est-à-dire *bien qu'il* fût fort. QUOI QUE, en deux mots, signifie *quelque chose que* : QUOI QUE vous fassiez, vous ne réussirez pas; c'est-à-dire *quelque chose que* vous fassiez.

285. PARCE QUE, en deux mots, signifie *à cause que*, *attendu que* : je le fais, *parce que* j'y suis forcé; c'est-à-dire *à cause que*, ou *attendu que* j'y suis forcé. PAR CE QUE, en trois mots, signifie *par cela que*, *par la chose que* : *par ce que* vous dites, je vois que vous avez raison; c'est-à-dire, *par la chose ou les choses* que vous dites, etc.

286. QUAND, conjonction, est toujours suivi d'un verbe et signifie *lorsque* : on est toujours heureux *quand* on fait le bien, c'est-à-dire *lorsqu'*on fait le bien. QUANT A, préposition, signifie *à l'égard de* : *quant à* votre affaire, j'y penserai long-temps; c'est-à-dire : *à l'égard de* votre affaire, etc.

287. Ou, conjonction, ne prend point d'accent grave; où, adverbe de lieu ou pronom relatif, en prend un. On peut toujours mettre le mot *bien* après la conjonction *ou*, on ne peut le mettre après *où* adverbe ou pronom : j'irai à Paris *où* je vous atten-

drai. Ici *où* est adverbe. J'irai à Paris *ou* à Versailles. Ici *ou* est conjonction; on peut dire : *ou bien* à Versailles.

87me Leçon.

DE LA PONCTUATION.

DE LA VIRGULE.

288. La ponctuation est l'art d'indiquer, par des signes reçus, le degré de liaison qui existe dans les idées; elle soulage l'esprit et facilite la lecture en indiquant les pauses que l'on doit faire en lisant.

289. Les signes de la ponctuation sont : la *virgule* (,), le *point et virgule* (;), *les deux points* (:), le *point* (.). le *point d'interrogation* (?), et le *point d'exclamation* (!).

290. On emploie la virgule après les substantifs sujets ou compléments d'un même verbe, lorsqu'ils sont placés de suite; on l'emploie aussi après plusieurs adjectifs qui se suivent. Ex.

L'*air*, le *feu*, l'*eau*, la *terre* : voilà les quatre élémens.

Ici les substantifs sont séparés par la virgule, parce qu'ils sont sujets.

Vous verrez dans quelques jours votre *père*, votre *mère*, votre *oncle*, votre *tante*, votre *cousine*.

Ici chaque substantif est séparé par la virgule, parce qu'il est un complément de *verrez*. Le chien est *fidèle*, *intelligente*, *docile*, *vigilant*.

Ici on a employé la virgule après chaque adjectif.

291. On emploie la virgule entre plusieurs verbes placés de suite, soit qu'ils aient le même sujet, soit que les propositions aient peu d'étendue. Ex. :

Vil atome qui *croit*, *doute*, *dispute*, *rampe*, *s'élève*, *tombe* et *nie* encore sa chûte.

On arrive, on se réjouit, on débarque enfin.

88me Leçon.

292. On ne met point de virgule entre deux substantifs, deux adjectifs ou deux verbes qui sont unis par une des conjonctions *et*, *ou*, *ni*, Ex. :

Le sage est ménagé du *temps* ET des *paroles*.

Cet homme se vit bafoué, sifflé *et* joué.

C'est votre père *ou* le mien qui viendra.

Ce n'est *ni* vous *ni* moi qui serons de cet avis.

On emploie cependant la virgule avant les conjonctions *et*, *ou*, *ni*, quand elles sont répétées plusieurs fois dans la phrase, ou quand les propositions ont trop d'étendue pour être prononcées d'un seul trait. Ex. :

Fénélon réunissait à la fois, *et* l'esprit, *et* la science, *et* la douceur, *et* la vertu.

Cet homme a beaucoup de vivacité dans l'esprit, *et* beaucoup de goût.

Cet homme est maintenant à Paris, *ou* ne tardera pas à y arriver.

293. La virgule se place encore avant et après toute partie de phrase qu'on peut retrancher sans dénaturer l'idée paincipale, comme les mots en apostrophe, les compléments accessoires, les propositions incidentes explicatives : et pour remplacer un verbe sous-entendu (1).

Va, *mon fils*, pars, cours, vole où l'honneur t'appèle.

Mon fils est placé entre deux virgules, parce que c'est un substantif en apostrophe, et qu'on peut le retrancher sans nuire au sens de la phrase.

La vie, *disait Socrate*, ne doit être que la méditation de la mort.

---

(1) Pour bien ponctuer, il faut absolument connaître l'analyse logique. Voyez mon traité d'analyse logique raisonnée ; prix, 1 franc, chez Delalain, rue des Mathurins-Saint-Jacques, n° 5, à Paris.

Disait Socrate est placé entre deux virgules, parce qu'on peut retrancher ces mots sans nuire au sens de la phrase ; Cicéron, *orateur célèbre*, était éloquent.

Les mots *orateur célèbre* sont placés entre deux virgules, parce qu'on peut dire, sans nuire au sens de la phrase : *Cicéron était éloquent.*

Le ciel est dans ses yeux, et l'enfer, dans son cœur.

On met une virgule après *enfer*, à cause du verbe *est* sous entendu : *Et l'enfer* EST *dans son cœur.*

89me Leçon.

DU POINT-ET-VIRGULE.

294. On emploie le point-et-virgule, 1° pour séparer les différentes propositions d'une phrase, quand elles ont une certaine étendue. Ex. :

Soyez ici des lois l'interprète suprême ;
Rendez leur ministère aussi saint que vous-même ;
Enseignez la raison, la justice et la paix.

295. 2° Entre deux membres d'une phrase dont les parties sont déjà séparées par la virgule. Ex. :

L'étalon que j'estime est jeune, vigoureux ;
Il est superbe et doux, docile et valeureux ;
Son encolure est haute, et sa tête hardie ;
Ses flancs sont larges, pleins ; sa croupe est arrondie ;
Il marche fièrement, il court d'un pas léger :
Il insulte à la peur, il brave le danger.

On voit, dans ce passage, que les propositions après lesquelles on a placé *le point-et-virgule* ont des parties séparées par la virgule.

296. 3° Entre deux phrases dont l'une dépend de l'autre. Ex. :

Parler beaucoup et bien, c'est le talent du bel esprit ; parler beaucoup et mal, c'est le défaut du fat ; parler peu et bien, c'est le caractère du sage.

On voit que cette phrase est composée de trois principaux membres, dont le premier finit par les mots *bel esprit*, après lesquels on a placé le *point et virgule*; le second finit par *le défaut du fat* et est de même nature que le premier membre, duquel il dépend : c'est pourquoi on a employé le point et virgule; le troisième se termine par *le caractère du sage*; mais, attendu que c'est la fin de la phrase, on a mis un point. On remarquera aussi que les trois membres sont subdivisés par la virgule.

297. 4e On emploie le *point et virgule* après des propositions que l'on oppose l'une à l'autre. Ex. :

Il voulait rire comme La Foutaine; mais il n'avait pas la bouche faite comme lui, et il fesait la grimace; *mais il n'avait pas la bouche faite comme lui* est une proposition opposée à la première : *Il voulait rire comme La Fontaine.*

90me Leçon.

DES DEUX POINTS ET DES DIFFÉRENTS POINTS.

298. Les deux points se placent après une phrase finie, mais suivie d'une autre qui sert à l'explication de la première. Ex. :

On ne doit jamais se moquer des malheureux : car, qui peut s'assurer d'être toujours heureux ?

Car qui peut, etc. sert à expliquer la première proposition : *on ne doit jamais se moquer des malheureux.*

299. On emploie les *deux points* après une phrase à la suite de laquelle on va rapporter les paroles de quelqu'un, ou après laquelle on va énoncer une énumération. Ex. :

Alors Narbal dit : vous voyez, ô Télémaque, la puissance des Phéniciens.

Il faut deux points après *dit*, parcequ'on va rapporter les paroles de Narbal.

Tout me plaît dans les synonymes de l'abbé Girard :

la finesse des remarques, la justesse des pensées, et le choix des exemples.

Il faut deux points après Girard, parce qu'on va énumérer ce qui plaît en lui.

300. Le POINT se place après une phrase entièrement finie. Ex. :

L'équité et la charité sont la base de toutes les vertus.

Aimez qu'on vous conseille, et non pas qu'on vous loue.

301. Le POINT D'INTERROGATION s'emploie à la fin des phrases où l'on interroge. Ex. : D'où venez-vous? où va-t-il? Mais parle, de son sort qui t'a rendu l'arbitre?

302. Le POINT D'EXCLAMATION se place à la fin des phrases qui expriment la *tendresse*, la *pitié*, la *crainte*, la *surprise*, la *terreur*, *etc* Ex. :

Que de ressources ne procure pas l'étude !

O Dieu ! confonds l'audace et l'imposture !

SUBSTANTIFS DONT LE GENRE PARAÎT DOUTEUX.

Sont du genre masculin les substantifs suivants :

Abîme.
Abrégé.
Acabit.
Accessoire.
Acier.
Acrostiche.
Acte.
Adage.
Age.
Aide-de-camp.
Aide-de-cuisine.
Aigle (oiseau).
Ail (légume, au pl. aulx).
Alambic.
Albâtre.
Amadou.
Amalgame.
Ambe.
Amidon.
Anchois.
Ange (du ciel).
Angle.
Anis.
Antidote.
Antre.
Appel.
Aqueduc.
Arc.
Are.
Armistice.
Artifice.
Astérique.
Asthme.
Attirail.
Augure.
Aune (arbre).
Auspice.
Autel.
Balustre.
Centime.
Chanvre.
Cigarre.
Crabe.
Décombres.
Dialecte.
Echange.
Echaudé.
Echo.
Eclair.
Eloge.
Emétique.
Emplâtre.
Encrier.
Enfant (petit garçon).
Epiderme.
Epi.
Episode.
Equilibre.
Equinoxe.
Espace.
Etage.
Evangile.

Eventail.
Evier.
Exemple (de vertu).
Exorde.
Hémisphère.
Holocauste.
Hospice.
Hôtel.
Indice.
Intervalle.
Isthme.
Ivoire.
Légume.
Mânes.
Monticule.
Œuvre (de génie)
Office (de l'église).
Ongle.
Orage.
Organe.
Ouvrage.
Parallèle (entre César et Alexandre).
Paraphe.
Période (le plus haut point où l'on puisse arriver).
Pleurs.
Poêle (drap mortuaire).
Pourpre (maladie).
Relâche (repos).

Sont du genre féminin :

Agrafe.
Aide (secours).
Aigle (t. d'armoiries).
Aire.
Alcove.
Allure.
Anagramme.
Anecdote.
Anicroche.
Anse.
Antichambre.
Argile.
Arrhes.
Artère.
Aune (mesure).
Avalanche.
Avant-scène.
Avarie.
Caution.
Courroie.
Decrottoire.
Dinde.
Ebène.
Echarde.
Eclypse.
Effigie.
Ellipse.
Enclume.
Enfant (petite fille).
Epigramme.
Epithète.
Equivoque.
Exemple (d'écriture).
Fibre.
Hydre.
Hypothèque.
Hémorragie.
Idole.
Immondices.
Nacre.
Œuvre (p. de l'esprit).
Office (de table).
Onglée.
Outre.
Parallèle (ligne).
Paroi.
Patère.
Poêle (ust de cuisine).
Poutre.
Sentinelle.
Stalle.

LOCUTIONS VICIEUSES.

Ne dites pas :	*Dites :*
On ne me voit pas à rien faire.	Sans rien faire.
Nous étions 10 à 12 dans cette réunion.	Nous étions 10 ou 12.
J'abîme ma robe, mon habit.	Je froisse mon habit, etc.
Venez à bonne heure.	Venez de bonne heure.
Cette femme a l'air hautaine, courageuse, méchante, etc.	Cette femme à l'air hautain, courageux, méchant, etc.
Vin d'Alicant.	Vin d'Alicante.
Allumez la lumière.	Allumez la chandelle.
De la bonne amadou.	De bon amadou.
Chat angola.	Chat angora.
Cet homme a des grandes angoisses.	De grandes angoisses.
Allez aux antipotes.	Allez aux antipodes.

Ne dites pas :	*Dites :*
Une arche de triomphe.	Un arc de triomphe.
Un arguillon.	Un ardillon.
Avan-hier. *prononcez :*	Avant-ier.
Apparution.	Apparition.
L'appel est faite.	L'appel est fait.
Bailler aux corneilles.	Bayer aux corneilles.
Il est en bamboche.	Il est en débauche.
Ce vin m'a fait bien du bien.	Beaucoup de bien.
Cet homme est bileux.	Cet homme est bilieux.
Je bisque, il bisque.	Je peste, il peste ou enrage.
Une bûche de bois.	Une bûche.
Il brouillasse.	Il bruine.
Le cahotement de la voiture.	Le cahot.
Caneçon.	Caleçon.
Casterole.	Casserole.
Une voix de centaure.	Une voix de stentor.
Cette porcelaine est casuelle.	Est fragile.
De la castonnade.	De la cassonnade.
La fièvre célébrale.	Fièvre cérébrale.
Des cercifis.	Des salsifis.
Chipoteur, chipoteuse.	Chipotier, chipotière.
Comme de juste.	Comme de raison.
Une affaire conséquente, une ville conséquente, un marché conséquent.	Une affaire importante, une ville considérable, un marché important ou considérable.
Chaircuitier.	Charcutier.
Colidor.	Corridor.
Contrevention.	Contravention.
Corporence.	Corpulence.
Le cou de la bouteille.	Le goulot de la bouteille.
Le vent coupe la figure.	Le vent cingle la figure.
Le couvert du pot	Le couvercle du pot.
La couverte de mon lit.	La couverture de mon lit.
Il marche à croche-pied.	Il marche à cloche-pied.
Il ne décesse de parler.	Il ne cesse de parler.
Il demande excuse.	Il fait ses excuses.
Dépêchez-vous vîte.	Dépêchez-vous.
Dépersuadez-le.	Dissuadez-le.
Disparution.	Disparition.
Donnez-moi-z-en.	Donnez-m'en.
Il dort un somme.	Il fait un somme.
Il fait du mauvais sang.	Il fait de mauvais sang.
Des écailles d'œufs.	Des écales d'œufs
Il s'est échigné.	Il s'est échiné.
Embauchoires de bottes	Des embouchoires de bottes.
Vous m'embêtez.	Vous m'hébêtez.
En outre de cela.	Outre cela.
Il vint sur l'entrefaite.	Il vint sur les entrefaites.

Ne dites pas :	*Dites :*
Elexir.	Elixir.
Erésipèle.	Erysipèle.
Esquilancie.	Esquinancie.
Il fait une maladie grave.	Il a une maladie grave.
Falbana.	Falbala.
Cet enfant est farce, il m'a fait des farces	Cet enfant est farceur, il m'a joué des frasques.
Filagrane.	Filigramme.
A la bonne flanquette.	A la bonne franquette.
J'ai la fraingalle.	J'ai la faim-valle.
Votre père est fortuné.	Votre père est riche.
De la gomme arabique.	Du gomme arabique.
Je gargotte de froid.	Je grelotte de froid.
Noir comme un geai.	Noir comme du jais.
C'est une géanne.	C'est une géante.
Tu l'as gifflé.	Tu l'as souffleté.
Il nous gouaille.	Il nous raille.
Il est de bonne guette.	Il est de bon guet.
C'est un gourmeur de vin.	C'est un gourmet de vin.
Ce ragoût sent le graillon.	Sent le roui.
Une hémorragie de sang.	Une hémorragie.
Quelle heure qu'il est ?	Quelle heure est-il ?
Dans ce moment-ici, ces jours-ici.	Dans ce moment-ci, ces jours-ci.
Cet enfant est impardonnable.	Cet enfant est inexcusable.
Cet enfant est pardonnable.	Cet enfant est digne de pardon.
Irruption.	Eruption.
Un jeu d'eau.	Un jet d'eau.
Il jouit d'une mauvaise santé, d'une mauvaise réputation.	On jouit d'une bonne santé, d'une bonne réputation ; mais on ne jouit pas d'une mauvaise santé. Dites : il a une mauvaise santé, une mauvaise réputation.
Lanterne magie.	Lanterne magique.
Laveuse de lessive.	Une lavandière.
Levier de cuisine.	Un évier.
Las (fatigué). *prononcez :*	Mon frère est la, ma sœur est lasse.
Serviette à linteaux.	Serviette à liteaux.
J'ai lu sur un journal.	J'ai lu dans un journal.
Je lui en défie.	Je l'en défie.
La mairie. *prononcez :*	La mai-rie, et non la mair-rie.
Je fus forcé malgré moi d'y aller.	Je fus forcé d'y aller.
Humeur massacrante.	Humeur insupportable.
Je l'ai perdu par mégard.	Je l'ai perdu par mégarde.
Matéreaux.	Matériaux.
C'est un mésentendu.	C'est un mal entendu.
Venez à midi précise, ou vers les midi.	Venez à midi précis, ou vers le midi.

Ne dites pas :	*Dites :*
Il arrive comme mars en carême.	Comme marée en carême. La marée arrive à-propos pour le carême.
Sur les minuit, vers les minuit.	Sur le minuit, vers le minuit.
L'air minable.	L'air misérable.
Missipipi.	Mississipi.
Monsieur, messieurs. *pr :*	Mosieu, messieu.
Observez, je vous observe que vous êtes dans l'erreur.	Je vous fais observer que, etc. ....
Une forêt ombrageuse.	Une forêt ombreuse.
Oragan.	Ouragan.
Un palfermier.	Un palfrenier.
Ma parafe	Mon parafe.
Il faut pardonner ses ennemis.	Il faut pardonner à ses ennemis.
Il fait cela au parfait.	En perfection.
La pantomine.	La pantomime.
J'ai fait une pariure.	J'ai fait une gageure.
Un paroi.	Une paroi.
Cette rue est passagère.	Est passante ou fréquentée.
Emploi pécunier.	Emploi pécuniaire.
Mon papier perce.	Mon papier boit.
Donnez-m'en un petit peu.	Un peu ou très-peu.
Tant pire.	Tant pis.
Piuriel. *prononcez :*	Pluriel et non plurïez.
Cet homme est pointilleur.	Cet homme est pointilleux.
Une personne bien portante.	Une personne qui se porte bien.
Réguiser un couteau.	Aiguiser.
Rancuneur.	Rancunier.
Rébarbaratif.	Rébarbatif.
A la rebours.	Au rebours ou à rebours.
Recouvert la vue, la santé.	Recouvré la vue, la santé.
Reculer en arrière.	Reculer.
Remouler un couteau.	Emoudre un couteau.
Remplir un but.	Atteindre un but.
Cet enfant est réprimandable.	Est répréhensible.
Où restez-vous?	Où demeurez vous.
Revange.	Revanche.
Une secoupe.	Une soucoupe.
De la semouille.	Semoule
Chemin sableux.	Chemin sablonneux.
Saigner au nez.	Dans tous les cas, il faut saigner du nez.
Si j'étais que de vous.	Si j'étais vous, ou à votre place.
Une heure de temps ou d'horloge.	Une heure.
C'est tentatif.	C'est tentant.
Tête d'oreiller.	Taie d'oreiller.
Il a perdu la tramontade.	La tramontane.

Ne dites pas :	*Dites :*
Trois-pieds.	Trépied.
Vaille qui vaille.	Vaille que vaille.
Plante venimeuse.	Plante vénéneuse.
Vessicatoire.	Vésicatoire.
Faire la volte.	Faire la vole.
Voyons-voir, regardez-voir.	Voyons, regardez.

EXERCICES SYNTAXIQUES.

Les élèves corrigeront aussi les fautes de ponctuation.

(*Avant de faire faire les exercices suivants, interrogez les élèves sur les* nos 178 à 200.)

Mes enfants suivez les bonnes exemples que vous a données vos parents Des amours insensées conduisent les jeunes gens à leur perte tous les délices qu'ils semblent donner sont corrompus Les petits savoyards marchent ordinairement nus-pieds et tête-nu Henri IV fut assassiné à trois heures et demi du soir Les demies-mesures sont funestes Ces offres sont trop flatteur pour que je les refuse La belle autel élevée sur cette monticule a été détruite par la tempête Un grand nombre de personnes croit que le bonheur consiste dans les richesses Cette pêche n'est pas mure du côté du mûr elle est amère et sûre Ces hommes ont été les boutes-feus de toutes les émeutes qu'il y a eu en 1831.

2e Pourriez-vous me procurer un couple de perdrix semblable à celui que vous m'avez montré Il a tonné pendant deux heures et demi et la pluie n'a tombée que pendant une demi-heure Ces prunes sont sûres parce qu'elles ne sont pas encore mures Mettez-vous sur vos gardes cette forêt n'est pas sure Je voudrais avoir dans ma cage une couple de chardonnerets pour peupler et pour voir si ces oiseaux ont des amours constantes L'orage que nous avons essuyée en route était bien forte les éclairs étaient multipliées et effrayantes Cet homme dans sa chûte a reçu plusieurs contres-coups Ce marchand vend des tires-bouchons et des portes-mouchette

3e Nous avons vu des orgues charmants dans les églises d'Allemagne la meilleure est celle que nous avons entendue jouer à Prague Nous avons entendu avec plaisir ces musiciens il y avait parmi eux des basse-taille qui ont exécuté des concerto qui leur ont attiré des bravo Après avoir récité plusieurs paters et avés, je me mis à entreprendre un ouvrage importante Nos jardins produisent des bonnes et des excellentes légumes L'évangile de la passion est la plus longue de toutes Cette petite fille est une fort joli enfant Les ténèbres de l'ignorance se sont dissipées Je vous remercie du couple d'oignons de tulipes que vous m'avez envoyé Le trop de parcimonie que vous avez montrée dans les diverses soirées que vous avez donné vous a beaucoup nui dans l'esprit des gens que vous y avez invitées

4e J'ai l'épiderme de la main très-épaisse dans cet endroit Cet enclume est fort bien fait et très-dur Tous les peintres se servent d'appuies-mains De quelle espèce sont vos portes-montres Nous avons eu tant de chagrin de nous quitter que nous avons versé l'un l'autre des pleurs abondantes. Nous avons vu passer une troupe de soldats armée de pied en cap Jérusalem est à huit cent lieues sud de Paris L'usage du café vint de Constantinople à Paris vers l'an mille six cents soixante douze La Chine a cinq cent lieues de long sur quatre cents trente de large Cet homme vous a prêté deux mille écus Faites-moi présent d'une marcotte de vos œillets jaunes serins Si vos eaux-de-vies sont bonnes apportez-m'en un couple de bouteilles

5e Ces légumes sont excellentes quand elles sont bien cuites Ernest a cassé trois pots à fleur Sans avoir beaucoup de corporence cette personne est bien proportionné pour sa taille Quand ces fraises seront mures nous les cueillerons Nous sommes séparés l'un de l'autre par une intervalle de trois lieues et demi

Les demies-mesures ne sont pas toujours bonnës Cette réponse est d'une bonne augure Cet homme fait continuellement des coqs-à-l'âne J'ai loué à l'église un joli stalle pour mon fils Ce village est à six mille de la ville Ce corps d'armée est composée de vingt cinq milles hommes Mon père est mort à quatre-vingt ans et le tien à quatre-vingts cinq J'ai donné à mon fils deux milles cinq cent francs en mariage et toi tu as donné à ta fille quatre milles six cents cinquante francs

6e Chaque fois que je vais au bain je suis sur de vous y rencontrer Cette oseille est très-sûre Le nacre de cette boîte à cure-dent est fort-brillant Un coup de chasse-mouche a coûté cher au dey d'Alger J'ai vu cet acteur dans divers opéra je l'ai entendu avec plaisir dans différents duo et trio Vous avez à vos rideaux des grands patères de bronze qui font un charmant effet Les coffre-fort doivent être construits solidement dans la crainte des voleurs Voilà des poires d'une bonne acabit je pense que ce sont des messires-jeans Vous ne venderez pas cette propriété deux cents quatre-vingts dix milles francs Bonaparte a fait plusieurs vice-Rois et leurs a donné des vices-royautés Cette troupe de brigands se sont répandus dans nos campagnes

7e L'apologue que nous avons entendue lire ce matin vous a-t elle plu Le porcs-épics est un animal de l'espèce des hérissons Nous devons honorer les mânes glorieuses de ce héros Pourquoi a-t-on placé un sentinelle à votre porte Le médecin m'a ordonné de prendre pour mon rhume du réglisse anisé Athènes présente encore des belles décombres La multitude de curieux que nous avons rencontrée se sont réunis dans les lieux où se trouvait une multitude de jeux qu'on avait établie pour y attirer la foule Votre mère est très-bonne c'est dommage qu'elle ait l'air si froide et si réservée Souvent les délices que procure la fortune sont faux et mensongers Feu ma grande-mère disait souvent qu'on doit toujours tenir à sa parole qu'on a donné Ma feu mère était très-spirituelle

8e J'ai l'ouïe tellement fin qu'on ne peut rien dire sans que je l'entends Quand la maladie arriva à sa dernière période la lune venait de terminer son période Les mendiants vont nus-pieds et les flatteurs nus-tête Cet homme a passé sa vie dans les corps-de-gardes Un couple de bœufs sont suffisant pour traîner une charrue Des bons pistolets sont des excellents portes-respects Des épais ténèbres obscurcissaient la voûte des cieux Les chat-huant et les loup-cervier habitent les forêts Cette horloge sonne les heures les demi et les quarts On ne voit goutte dans cet alcove elle est noire comme une cheminée Cette assemblée de savants se sont réunis pour décider une grande question Un peuple de guerriers enfantent des héros Une multitude d'hommes s'est réunie chez vous.

(Interrogez les élèves sur les nos 201 à 230.)

9e Ces voyageurs ont parc
nouveau monde Mes père e ouru l'ancien et (1)
la religion catholique c' mère m'ont élevé dans
sire y vivre et y mour st pourquoi je veux et dé-
mes frères et sœurs ir chrétiennement ainsi que
ses allées Ce nég Voilà un beau jardin j'admire
mètres de drap ociant vous a expédié deux cent
de cotonnade et à moi six cent quatre-vingts mètres
Chacuns Remettez ces paquets chacun à leur place
Nuls e vous messieurs me répond de cet homme
hommes ne doivent servir deux maîtres à la fois

---

(1) Les déterminatifs se répètent avant chaque substantif, et avant les adjectifs qui ne qualifient pas un seul et même substantif. Dites : j'étudie *la* langue grecque et *la* latine ; *l'*histoire ancienne et *la* moderne : et non pas : j'étudie *les langues* grecques et latines. Une langue ne peut être à la fois grecque et latine. Mais dites : *Le bon et naïf Lafontaine* ; car ici il ne s'agit que d'un seul La Fontaine, tout à la fois bon et naïf. Si vous disiez *le* bon et *le* naïf La Fontaine, on pourrait croire que vous parlez de deux La Fontaine, dont *un bon* et un *naïf*.

Les hommes les monuments les villes même sont frappés par la faulx du temps Les formules d'admiration outrée nuisent aux ouvrages mêmes qu'on loue Madame êtes-vous maîtresse de pension Oui je la suis Êtes-vous la maîtresse de pension de ma fille Oui je le suis

10° Les plaisirs des sens ne peuvent donner qu'une trompeuse et une fausse félicité Nous avons vu dans votre société des hommes instruits et ignorants Ceux que j'ai vu le plus frappés de la lecture des Homère des Virgile des Horace et des Cicéron sont des esprits de la première ordre Mon brave et mon digne ami a tout fait pour moi Ces femmes portent leur coiffure très-haute c'est ce qui les fait marcher droites Cette maison est bien bâtie sa façade surtout est construite avec goût Je crains de devenir pulmonique tant j'ai de mal à la poitrine Quelque grands biens que vous possédiez vous ne serez jamais aussi riche que moi Quelques adroits que vous êtes tous les deux quelsque soient vos désirs de me tromper vous ne m'en imposerez pas

11° Quelque éloges qu'on ait décernés à la plupart des conquérants ils ont été les ennemis du genre humain quelque célèbres qu'ils soient quelques victoires qu'ils aient remportées quelque soient leurs talents militaires quelque soit leur volonté de faire le bien ils ont toujours fait le mal Vos demoiselles tout jolies qu'elles sont toutes agréables qu'elles paraissent sont cependant loin d'être aimables Vit-on jamais une femme plus infortunée que je la suis Les Arabes les sauvages mêmes ne seraient pas capables d'une action aussi barbare Ce jeune homme déclame avec un sentiment une chaleur étonnant Il y a des personnes qui dorment les yeux et la bouche ouvertes Nous paierons à la nature le tribut que tous les hommes paieront chacun à leur tour

12° Il met dans tout ce qu'il fait un goût et une grâce charmantes Vous rappelez-vous de cette dame qui avait les cheveux chatains-clair et une robe bleue-foncée Danaüs ayant appris de l'oracle qu'il serait tué par ses gendres exigea de ses filles qu'elles massacrent chacune son mari toutes en effet poignardèrent chacune son époux Cette pièce n'a pas réussi on a trouvé que son style est trop simple et que son intrigue ne l'est pas assez Mon père et mère mon oncle et ma tante m'ont appris l'ancien et le nouveau testament Certaines gens qui se disent dévotes, sont néanmoins tellement pressées de sortir de l'église qu'elles quittent souvent avant que la dernière évangile soit dite Les femmes grèques et romaines se brunissaient leurs yeux comme les femmes de l'orient

13° Entre les peines et afflictions de cette vie il y en a peu dont on ne peut se consoler si nous portons nos regards vers le ciel Aux yeux de l'envie la réputation le mieux établie n'est qu'une erreur publique Nous avons passé toute la nuit à réfléchir sur notre nouvelle position et lorsque le lendemain nos enfants sont entrés dans notre appartement ils ont été tous étonnés de nous trouver tout habillés Les femmes quelques vertueuses qu'elles sont quelle que confiance qu'elles ont dans leurs forces quelque soient leur piété leur fortune et rang doivent craindre les artifices de la séduction Quelque chose que vous m'avez dit je ne l'ai point entendu Je vous ai pourtant dit quelque chose de fort amusant

14° Ces jeunes gens sont arrivés tous abattus tous harassés des chaleurs qu'il a faites dans la journée Notre père exige que nous partions aujourd'hui ce n'est pas moi qui se ferait prier pour l'obéir Sache donc mon fils que c'est toi qui est le seul élève qui m'ait donné quelques satisfaction tu sais aussi que c'est moi qui s'intéresse le plus à ton instruction Chacun de vous Messieurs me répond de la vie de cet homme Remettez ces paquets chacun à leur place Chacun de ces messieurs veut avoir raison avant qu'ils aient donné chacun son avis Je vais vous donner une chose que j'ai besoin Je connais une personne qui n'est point estimé des gens sensées Quels ques trésors que nous possédions quelques puissants que nous soyons quelque soit notre autorité dans le monde nos désirs ne seront jamais satisfaits

15e Tous enfant gâté par ses parents seront dans la suite le fléau de la société et le tourment de ceux-même qui lui ont donné le jour Quels que soldats de l'armée ennemie est venu promener dans notre ville nos jeunes et vieux officiers les ont très-bien accueilli L'amour propre n'est pas un guide à qui nous pouvons nous confier Vous raisonnez comme un homme qui connaissez tout C'est donc vous qui a chanté à notre réunion et qui a si bien dansé C'était vous aussi sans doute qui s'intéressait à ma sœur et qui s'occupais si généreusement de la bien placer En traduisant cet auteur on a omis des citations et passages mêmes touts entiers Les passages que vous avez trouvé faibles sont les passages même que j'ai condamné

16e Conduisez-vous de manière à ce que nous n'avons aucun reproche à vous faire Je les ai condamné à copier chacun leur thême cinq fois Ces estampes sont jolis ils m'ont coûté deux cent francs chaqué. Dites-leur de se présenter chacun à leur tour et d'apporter chacun son devoir Fut-il au monde une femme plus respectée plus environnée d'égards que je la suis Ne compte pas sur tes parents mon fils disait une veuve à son enfant il n'y a que moi qui s'occupe de ton bonheur et qui s'attache sérieusement à ton éducation. C'est donc toi mon fils qui su te faire aimer de tes maîtres et qui remporta le prix de vertu C'est à vous mes amis à qui je m'adresse pour savoir à qui appartient le cheval sur qui ma fille a montée

17e Madame sera-t-elle présentée à la Reine non je ne le serai pas. Cette maison est très-spacieuse et rien n'approche d'elle pour l'élégance des bâtiments Oui mes camarades c'est moi qui osais réclamer pour vous qui sus faire écouter vos plaintes mais gardez-en le secret car si l'on le savait je serai puni Il n'y a donc que toi seul mon véritable ami qui s'intéresse à notre malheur, qui sait nous apprécier et qui ose tout pour des amis malheureux Ernest est gai et Pauline est triste ; celle-là pleure toujours et celui-ci rit sans cesse On ne peut être plus insensée que ta sœur si l'on lui parle elle répond toujours légèrement Mes amis si on vous demande où nous sommes ayez soin de dire que vous ne savez pas où on nous a conduits.

18e Toutes injurieuses toutes offensantes que sont vos paroles je n'y fais aucune attention Personne n'est étonnée de ce qu'ont fait cet enfant pas une personne n'en est surprise De quelques vertus que fûsse doué Vespasien quelle que brillantes qualités qu'il ait possédé quelque fut la tendresse et le respect du peuple à son égard Titus son fils fut plus vertueux et plus populaire encore Vous vous êtes écarté de votre chemin me dit-on eh bien puisque me voilà dans la route répondis-je je la suivrai Cet homme m'a arraché mon habit et m'a fait une cicatrice à mon bras Chercher des vérités morales quand on en peut trouver est quoiqu'on en dit courir après les erreurs Ce sont votre frère et votre sœur que j'ai rencontré ce matin c'est vos enfants que j'ai conduit en pension.

19e Ce n'est pas moi monsieur qui vous a écrit cette lettre et qui vous a insulté C'est toi mon frère qui as manqué à ton ami et qui lui a fait de reproches qu'il ne méritait pas Sont-ce nous qui vous ennuyaient et qui vous ont tourmenté Ce sont vous Ernest et Julie vous-même qui s'apercevais de vos erreurs et qui les abjuraient Puisque cet enfant a mérité punition il la recevra C'est les aigles romaines qui ont soumis le monde. Fuyez les curieux c'est à coup sûr des indiscrets C'était nous qui étaient appelés à ce nouvel emploi mais ce furent vous messieurs par vos sollicitations qui y furent nommés à notre place Ce sont la justice et la bonté de la Reine qui l'ont rendu digne de la régence

20° Quelqu'ait été la justice et la vertu d'Aristide quelles que belles qualités qu'il ait possédé l'on ne peut dire que sa vie est sans tache C'est donc toi mon cher Ernest qui s'est montré ingrat envers ton bienfaiteur et qui m'as abreuvé de dégoûts C'est vous hypocrites, qui prêchent la vertu et c'est vous qui la pratiquent le moins Vous êtes sans doute marchande oui je le suis Vous êtes la marchande que j'ai fait demander oui je la suis Je suis l'homme qui vous ai fait le plus de bien et vous vous êtes l'homme qui m'avez fait le plus de mal La totalité des pays de l'Afrique n'ont pas encore été explorés La multitude des canaux qui coupe la Hollande servent à transporter les denrées

(*Avant de faire faire les exercices suivants, interrogez les élèves sur les* n°s 231 à 266.)

21° Le repos la tranquillité sont ordinairement le partage de l'homme qui méprise les richesses J'ai entendu ce discours qui est écrit sur la bonne et mauvaise conduite et y ai vivement applaudi Que la condition des hommes est misérable puisqu'ils ne savent pas s'estimer les uns et les autres Ce prince qui était en guerre depuis long-temps employa tous les moyens possibles pour terminer la guerre Cet ouvrage ne ressemble pas à ceux publiés par cet auteur Aristipe croyait que la pauvreté valait mieux que l'ignorance parce que celle-ci n'est qu'une privation des richesses au lieu que celle-là est une privation d'entendement

22° On dit qu'Aristipe s'endormait quelquefois tenant dans sa main une boule de cuivre au-dessus d'un bassin afin qu'en tombant dans le bassin elle le réveille Il disait qu'il n'y avait que l'étude et la sagesse qui puissent éclairer l'âme J'aime les enfants et je les pardonne volontiers de leurs fautes lorsqu'ils paraissent vouloir s'en corriger Ce magistrat est malheureux son rang sa dignité son élévation furent compromis dans cette affaire Ceux qui sont rebelles et avides du sang de leurs parents sont nuisibles et indignes de la société et de voir le jour Les douaniers ont sortis ce matin vers le lever de l'aurore ils ont aperçu une bande de contrebandiers ils les ont poursuivis et n'ont point tardé à les attrapper

23° Le sel et le sucre se dissoudent dans l'eau et s'y résoudent Ces hommes se revêtissent du manteau de l'hypocrisie Cette eau ne bout pas mais elle bouillera bientôt Vous vouliez que je conclus avec vous un ar-arrangement qui répugnait à ma délicatesse Est-ce là les livres dont vous m'avez parlé oui ce sont eux Moi et ma mère nous désiraient nous lier avec vous J'étais au moment d'aller coucher lorsque vous êtes arrivé et je fus promener avec vous Je vous ai dit que la vertu n'était pas une vaine chimère La vivacité ou la languéur des yeux sont un des principaux caractères de la physionomie J'ai pu désirer que vous vous occupiez de cette affaire mais maintenant je renonce aux offres obligeants que vous m'avez faits Le temps ainsi que les circonstances me font présager que vous manquerez votre parole

24° Est-ce là les devoirs que je vous ai donné à faire oui c'est eux Je sais qu'il a demandé cette faveur mais je doute qu'on lui accorde J'ai appris cette semaine que votre frère était mort d'une fièvre célébrale Est-ce vous ou votre ami qui ont rédigé cette demande non ce sont mon frère et moi qui l'ont faite Il n'est pas de sacrifice que je ne sois disposé à faire s'il dépendait de moi de vous rendre la santé J'ignorais que vous soyez venu hier dans l'intention de me voir Hérophile philosophe grec ainsi que Descartes place l'âme dans le centre du cerveau L'armée à qui on avait donné ordre de passer les Appennins vient de recevoir celui de se transporter dans les Pyrénées Le siège d'Azoth dura vingt-neuf ans c'est le plus long siége qu'il fut question dans l'histoire ancienne

25e Ce prince a monté bien jeune sur le trône de ses aïeux il a descendu dans la tombe avant qu'il eut eu le temps de mettre à exécution ses projets qu'il avait conçu Avec quoi avez-vous déjeuné ce matin avec du café au lait Pardonnez ma sœur ces pauvres enfants car ils sont repentant de vous avoir offensé Quels sont ces enfants ce sont mon fils et ma fille C'est donc eux qui ont venus me voir hier Non c'était mes deux fils aînés Cet ouvrage est excellent il l'emporte sur tous ceux composés dans ce genre Les nations les plus raisonnables ne sont pas assurément celles qui raisonnent le mieux surleurs devoirs c'est celles qui ont coutume de les pratiquer le mieux Ce mal est bien allarmant il semble qu'on ne peut pas le rémédier La faute la plus légère une pensée mêmes peuvent nous rendre coupables

26e Pythagore gravait principes les de la pudeur et de la piété dans les âmes et voulait qu'on tint un milieu entre la joie excessive et la tristesse qu'on cultive sa mémoire qu'on ne dise et ne fasse rien dans la colère qu'on aime à chanter les louanges de Dieu et des grands hommes La Motte disait que la jalousie était un hommage mal-à-droit que l'infériorité rendait au mérite D'épais ténèbres couvraient la terre milles tonnerres se faisaient entendre il semblait que les éléments confondus se fassent une guerre effroyable et que toute la nature se replonge dans le cahos La calomnie s'établit sans peine le temps découvre sa fausseté Il était nécessaire dit-elle qu'il vainquisse ou qu'il meurt Si on dit que le soleil paraît tourner autour de la terre c'est une fausse apparence ce sont nous au contraire qui tournent autour de lui.

27e C'est un travail constant une application soutenuequiseulepeuventapplanir les difficultés de la langue française J'ai préparé d'avance ma sœur à cette nouvelle afin qu'elle ne fut pas surprise lorsqu'elle l'apprendra J'ai été informé par la carte que vous aviez laissée chez mon portier de la peine que vous aviez pris de passer chez moi J'ai défendu qu'on vient me troubler pendant que je travaillerais L'on voit beaucoup de personnes aimer la vie et ne pas jouir d'elle Nous devons chérir les bons maîtres et les obéir Cet officier est propre et content du métier de la guerre Il semble qu'on apprend d'un maître en écoutant ses leçons et qu'on s'instruise par soi-même en fesant des recherches.

28e Une foule de curieux était arrêtée devant ma porte Vous êtes le meilleur enfant qu'il est possible de trouver Moi et votre ami suivent la même carrière Croyez-vous que je m'avance aussi loin si je n'étais certain de réussir Votre ami est encore loin de recouvrir la santé Il me tardait que vous soyez arrivé pour que je vous fasse part d'un projet que j'aie conçu L'homme comme tous les animaux ont la même origine Ces propriétés sont attenant et dépendantes des miennes Il est difficile de comprendre comment ces enfants étaient dociles et contents de leurs devoirs puisqu'ils sont nés avec de mauvaises dispositions et qu'ils sont enclins au libertinage Il engage les révoltés de rester tranquilles les assurant qu'ils n'avaient rien à craindre

29e Dès la première fois que j'ai vu ce jeune homme son aménité sa douceur m'ont charmé. J'ai à vous faire part d'une bonne nouvelle mais pour l'apprendre il faudrait que vous veniez me voir comme vous me le promites ce mois-ci et que vous restiez quelques jours chez moi Votre père et votre mère m'ont écrit que vous étiez à Paris je suis bien aise de vous y voir Votre âme a-t-elle perdu ce courage cette énergie qui l'animaient autrefois Au lieu de chercher à réparer par l'étude le temps que votre négligence vous a fait perdre vous continuez aller de mal en pire Il semble que pour battre il faut redoubler les coups et que pour frapper il suffit d'en donner un Les personnes qui n'ont peur de rien sont les seul qui font honneur à notre espèce Je doute que les vins de Falerne eussent été plus renommés que ceux de Champagne et de Bourgogne

30e Toutes affreuses toutes horribles toutes révoltantes que fut les cruautés de Tibère elles n'égalèrent pas celles de Néron Quelques cachés que soit vos crimes quelque soit les soins et les peines que vous vous donnez pour les faire disparaître ils ne peuvent échapper à l'œil de la justice éternelle L'homme sage implore et attend tout son bonheur de la providence Cet élève a mal parlé à son maître et a désobéi Ernest est chéri et agréable à ses parents Je ne doutais pas que vous ne veniez à bout de cette entreprise seulement j'aurais désiré que vous y mettiez un peu plus de zèle Je suis passé ce matin chez mon notaire je le trouvai à son étude et il me remis les pièces que tu lui a demandé hier

31e Un soir du mois dernier je suis allé promener aux Tuileries et j'y ai rencontré un homme qui m'a prié de tenir son fils sur les fonds de baptême L'étude de la langue grèque et latine présente à peu près les mêmes difficultés Si ce n'est point eux qui ont causé ce dégât ne seraient-ce pas ces méchants enfants Vous êtes le seul ami en qui j'ai de la confiance Vous êtes si bon qu'il n'y a personne qui ne veuille vous ressembler Faut-il qu'il feint de vous connaître et qu'il vous voit maltraité Cet enfant est bien le plus insupportable que j'ai connu de ma vie C'est à ces sœurs hospitalières que nous devons notre santé Vous pouviez repousser la force par la force car après tout les lois permettent de s'opposer et de repousser la violence quelque fussent les personnes qui nous attaquassent

32e Epicure nous a appris que le bonheur de l'homme était dans la jouissance et que la jouissance consistait dans la vertu Je me rappèle madame de vous avoir entendu raconter cet évènement qui a eu des suites si funestes Je suis charmé et me plais de la vue de votre maison et de voir les beaux sites qui l'environnent il me semble que rien ne soit plus propre à inspirer la muse pastorale J'avais à supporter tout le poids du travail il fallait que j'aille et que je viène pour vaquer aux soins du ménage Quelles que grandes victoires qu'ait remporté Bonaparte quelques laurier qu'il a cueilli quelques brillants qu'ait été ses succès quelque nations qu'il a soumis il n'a pu éviter de mourir prisonnier sur un aride rocher Tout fière toute altière qu'était avec les grands Elisabeth d'Angleterre elle était toute autre avec les simples particuliers Tout spirituels tout-parfaits que sont les sages ils ont encore bien des défauts

33° La plus grande injure que l'on puisse faire à un honnête homme est de se défier de sa probité Il n'est point de dispute qui ne doit terminer par une réplique de part et d'autre Sa droiture son honnêteté le font rechercher de tout le monde La force du corps comme celle de l'esprit disparaissent dans les maladies graves Faites-lui cette opération bien vite de peur qu'il ne meurt Le commerce à qui vous vous appliquez et la profession à qui vous vous dévouez sont honorables C'est toi Ernest qui se trompe et qui s'amuses à des vaines recherches Ce sera vous mes enfants qui s'assiéront sur ce banc de gazon et qui y joueront Votre sœur est toute émue elle est tout honteuse de sa conduite Quel que peuve être la faute qu'il ai fait on lui pardonnera

34° Je négligai mes devoirs cette semaine mais je les ai soigné très-bien la semaine dernière Ton ami m'a écrit la semaine passée et je lui répondis cette semaine je doute que tu es raison de le faire venir à Paris Nous tremblons que ton père n'eût tort dans cette affaire et qu'il ne croit avoir raison Doutes-tu que ton avocat n'écrit mieux que moi et qu'il ne comprend pas aussi bien ton affaire que je la comprends Il était nécessaire que je fasse ces emplètes et que je retourne sur-le-champ à la maison Ma fille est portée et est avide de la lecture Nous sommes tous amis et accoutumés à l'étude Il fallait que la sottise ou la méchanceté le perde Ces enfants sont sortis de peur qu'on ne les enferme

35° Sensible aux charmes de l'éloquence les anciens ne pouvaient se persuader que la rhétorique soit une invention humaine ils la regardaient comme le plus riche présent qu'ils aient pu recevoir des Dieux Tel est l'inconstance et la faiblesse des hommes ils se promettent tout d'eux-même et ils ne résistent à rien La quantité de perdrix que nous avons aperçue étaient si grande que nous en avons tués sept d'un coup de fusil Vous ne sauriez vous faire une idée de la foule d'attentions qu'il a eue pour moi La grâce la bonté président à toutes ses actions Il a fallu que vous vous soyez donné beaucoup de peines pour avoir terminé cet ouvrage en si peu de temps Boileau a dit que ce qu'on conçoit bien s'énonce clairement

36° Si on était dans ce pays et qu'on y soit bien établi l'on réussirait Craindriez-vous que cet homme viène vous troubler ici et qu'il ne vous attaque Ce qui me plaît le plus en elle est cette douceur cette modestie qui vous charment Nierez-vous maintenant que je suis plus sage que vous Croyez les mystères sublimes de notre sainte religion et parlez d'eux avec une sainte vénération Puisqu'il faut que ce travail fut terminé avant trois jours peut-être vaudrait-il mieux que vous le commenciez d'avance Il n'y a que moi qui est le maître ici Penses-tu qu'il n'y a que toi qui s'est trompé J'ignorais que vous ayez sorti mais je n'ignore pas que vous eussiez passé votre temps à rien faire Un bon roi comme un bon père de famille semblent né pour le bonheur du genre humain amis parents sujets courtisans tout le monde les adorent l'un et l'autre.

37° Êtes-vous encore ce studieux et ce docile élève qui ne songiez qu'à contenter ses maîtres Je regrète que vous ne vous fussiez pas trouvé à cette soirée Ce n'est point là les faveurs que vous aviez promis me faire obtenir Nous ne nous sommes trouvé que deux qui aient été du même avis dans cette affaire en ce cas vous êtes les deux personnes qui m'avez donné le meilleur conseil Il ne s'en est guère fallu que le ministre ne m'eût renvoyé sans me donner mes passeports Il est à craindre que le choléra-morbus ne parcourt toutes nos belles et nos riches contrées Ces deux caisses avaient été expédié assez tôt pour qu'elles arrivent à l'époque désignée O mon cher Hippias c'est moi seul moi impitoyable qui t'a donné la mort Moi qui t'a appris à la mépriser O cher enfant que j'ai nourri et qui m'a coûté tant de soins

(*Avant de faire faire les exercices suivants, interrogez les élèves sur les* nos 267 à 287.)

38° Ces jeunes enfants sont ordinairement amateurs et portés au changement Ce mur paraît menacer ruine il est prêt à s'écrouler si l'on ne prend les moyens nécessaires pour lui donner plus de solidité Ernest et sa sœur se sont promené tous les deux au Luxembourg en se donnant le bras C'est ici où nous nous sommes vus pour la première fois Auparavant d'avoir lu ce livre je ne m'étais pas fait une juste idée de l'astronomie maintenant je crois la connaître Chaque fois que je veux parler à cet homme je suis tout d'un coup intimidé par son air rébarbative Vous avez davantage de fortune que moi Promenez-vous à l'entour du parc Il était assis sur son trône et ses fils autour de lui C'est chez vous où je danserai pour la dernière fois de ma vie

39° Quand Métellus reçut la permission de revenir à Rome on vit sa raison prête à l'abandonner Restez à l'entour de nous et ne nous quittez pas Ne partez pas auparavant votre ami puisque vous voulez passer à travers de la forêt Qu'avez-vous donc mon enfant vous paraissez près de pleurer Ces deux plate-bandes forment deux losanges qui placés vis-à-vis l'une l'autre produisent un charmant effet Quoi que notre siècle est généralement observateur il y a néanmoins des choses sur qui il n'a pas encore porté ses observations Mes enfants mettez-vous de suite au travail et songez donc que nous avons déjà travaillé trois heures tout de suite Par son courage et énergie il a triomphé de tous les obstacles.

40° Nous devons plaindre les imbéciles plus tôt que de nous en moquer C'est de cette maison où parte les voitures de l'administration C'est ici où Voltaire s'explique sans détour il veut que, sans aucunes exceptions l'on puisse peindre chaque métaphore Il faut d'abord pardonner ses ennemis en second lieu faire du bien autant qu'il est possible Ma sœur était dans l'âge qu'on n'est plus jolie mais qu'on est encore belle Penser avec liberté sentir avec délicatesse agir avec courage sont le partage de l'homme vraiment vertueux Taillez cet espalier et donnez lui la forme qui vous paraîtra le plus convenable Messieurs il en est quelques-uns entre vous qui sont impardonnables.

41° Votre père m'a assuré que vous viendriez plutôt que je ne le pensais Quoiqu'on en dise le mérite sert toujours à quelque chose Je ne n'ai point sorti aujourd'hui par ce que j'ai eu beaucoup d'affaires Nous étions dans le parc lorsque des voleurs rôdaient au tour Si vous partez venez me voir avant Oui Monsieur j'espère aller vous voir auparavant de partir J'ai près de ma couisine une office spacieux où est renfermées toutes mes provisions de table Nous sommes arrivés à l'endroit que l'histoire est la plus intéressante Cette rose est toute aussi belle comme si on venait de la cueillir Il faut donc qu'on conviène que vous êtes arrivé auparavant moi dans ce pays C'est à Marseille où je vais et c'est à Lyon où je dois fixer mon domicile

42° Je crois que vous demeurez maintenant auprès des Tuileries Regardez comme il y a de la poussière à l'entour de ces meubles J'ai entendu à travers de la porte toute la conversation que vous avez eu avec mon père J'ai long-temps poursuivi ce lièvre au travers les champs Je vous ai vu à l'opéra nous étions touts yeux et toutes oreilles Voulez-vous me tailler la plume avec qui je dois faire ma dictée Tel est le motif pour qui je suis venu Quoique vous en dites cet enfant est fort instruit Un soldat doit toujours être près d'obéir aux ordres de ses chefs à vis-à-vis desquels il doit être respectueux Rome prête à succomber se soutint pendant ses malheurs par la sagesse du sénat

RÉCAPITULATION SUR LES EXERCICES SYNTAXIQUES.

Premier exercice. On sait que les astres ont leurs périodes réglés la lune dit-on fait son période en vingt-neuf jours et demie Bourdaloue était une foudre d'éloquence et Condé une foudre de guerre. Les égards et la politesse convenu exigent qu'on prête la plus grande attention à ce qu'on nous dit Cette liqueur est destinée pour être servie après celle apportée ce matin Il faut que les enfants obéissent de suite Une grande naissance annonce le mérite et le fait plutôt remarquer Il y a des livres qu'il faut lire tout de suite sans quoi ils ennuient c'est les ouvrages de circonstance Plus tôt souffrir que de mourir Auparavant Louis XIV la France presque sans vaisseaux tenait en vain aux deux mers Les gens délicates sont malheureuses rien ne saurait les satisfaire

2° A l'entour des mauvais rois voltigent les cruels soupçons les vaines alarmes C'est dans la solitude où l'homme de génie est ce qu'il doit être c'est là où il rassemble toutes les forces de son âme La fille du Roi qui était venue se baigner au bord du Nil aperçut une petite natte de jonc qui renfermait un jeune enfant Je ne vous donnerai point des conseils qui puissent vous attrister J'ai vu le mari de votre sœur qui doit occuper un des plus importants emplois dans cette administration Je suis allé voir ma sœur je l'ai trouvé tout malade tout affligée toute inconsolable de la perte de son époux Ernest quelque soient les compagnies que tu fréquentes quelles que brillants discours qu'on y tiène quelques spirituels que soit ces discours pense toujours que l'homme est sujet à l'erreur.

3° Ces sots gens sont parvenues aux dernières périodes du bonheur Gardez-vous bien d'avancer quelque chose qui ne puisse être prouvée L'astronomie est une des sciences qui font le plus d'honneur à l'esprit humain Turenne et Montécuculli s'opposaient l'un à l'autre la patience la ruse et l'activité L'histoire de Charles XII roi de Suède est tout remplie de faits merveilleux elle a été toute embellie par l'auteur Les Racines les Boileaus les Voltaires furent des grands poètes ils s'estimaient l'un et l'autre Cicéron a des morceaux sublimes ils sont d'une élévation d'une force soutenues Son aménité sa douceur nous charment La pièce qui est la moins sifflée n'est pas toujours la meilleure Il faut faire placer ici des abats-jours Ces remèdes sont des contres-poisons On voit peu de cerf-volant dans la plaine Nous nous perdons les uns et les autres

4° César et Pompée avaient chacun son mérite mais c'étaient des mérites différents L'on offense un brave homme alors que l'on l'abuse Le vainqueur et le vaincu se sont retiré chacun dans leur ville Les grands et les vastes projets joints à la prompte et à la sage exécution font le grand et le sublime ministère Il n'est donc que toi dans ce pays qui s'intéresse à mon sort et qui s'occupe de mon bonheur Ce ne sont pas tant la pompe et la majesté qui font les rois comme la grande et la suprême vertu C'est les peuples qui perpétuent de siècle en siècle la mémoire des bons princes Serait-ce là les même hommes que nous avons vu ramper autrefois Ce qui paraît le plus louable aux yeux de Dieu est la vertu malheureuse

...... Il n'est point d'âme livrée au vice
Où on ne trouve encore des traces de justice

5e Bien parler des absents ne railler personne ne dire rien contre la vérité est trois choses extrêmement rares Les Romains n'ont vaincu les Grecs que par les Grecs mêmes La sagesse la vertu même doivent avoir des bornes La multiplicité de grammaires donnent sont lien à des cacophonies La science humaine quelqu'elle soit n'est rien en comparaison de celle de Dieu car celle-là est tout sainte toute aimable toute impénétrable tout sage Quel que soient vos sentiments pour mon frère quelques innocents qu'ils vous paraissent je ne puis y approuver Les hommes médisant n'épargnent pas mêmes leurs amis Ceux qui se plaignent de la fortune n'ont souvent à se plaindre que d'eux-même

Et ne voyez-vous pas dans mes emportement
Que mon cœur démentait ma bouche à touts moments

6e Pourquoi niez-vous cette vérité dans la dernière lettre que vous m'écrivîtes Donnez-moi votre version que vous avez faite ce matin et je vous rendrai vos exercices français que vous m'avez donné à corriger Il est une remarque qu'a pu faire bien des gens pour moi qui l'ai faite j'ai reconnu sa vérité c'est que la journée est pluvieuse ou doit la devenir quand les hirondelles volent basses dès le matin Quelle honte pour ceux établis pour régler les passions de la multitude lorsqu'ils deviènent eux-même les vils jouets de leurs propres passions Les grands se plaisent souvent dans l'excès et les petits aiment la modération ceux-ci ont le goût de dominer et commander et ceux-là sentent du plaisir à les servir et à les obéir Molière n'a pas prétendu se moquer de la science il n'a joué que son abus et son affectation Ces élèves après avoir répété chacun sa fable se sont retiré chacun dans leur chambre

7e Respectons toujours la vérité à qui nous devons les plus grands égards Les mathématiques sont très-nécessaires je leur donnerai tous mes soins Cet ouvrage que vous avez entendu la lecture ne me semble pas déparer ceux précédents du même auteur

Rende l'accès du trône facile aux sujets est augmenter son éclat et sa majesté Toutes les habiles gens sont toujours recherchées Madame a l'air trop indulgente pour qu'on la peint en amazone Mentor disait que les enfants appartenaient moins à leurs parents qu'à la république Dieu fit choix de Cyrus pour gouverner avant qu'il voit le jour La Fontaine était persuadé comme il le dit que l'apologue est une art divine

Néron devant sa mère a permis le premier
Qu'on porte les faisceaux couronnés de laurier

8e Ces jeunes personnes sont habituées et désireuses des délices de la vie Les Romains encourageaient et donnaient des récompenses aux soldats valeureux Votre ami a sollicité une permission et il a quitté la pension avant qu'on lui ait accordée Mes enfants est-ce là vos livres oui ce sont eux Un philosophe disait que servir les humains est la première vertu après la piété Léonidas était mort pour son pays auparavant que Socrate ait fait un devoir d'aimer sa patrie Combien d'hommes seraient morts plus saintement s'ils avaient pensé que le trépas soit venu les atteindre si tôt Je ne savais pas que vous aviez fait une étude si approfondie des mathématiques Pensez vous qu'il vient vous voir et qu'il vous parle s'il savait la réception qui l'attend

9e Penser avec liberté sentir avec délicatesse agir avec courage est le partage de l'homme vraiment vertueux Il n'y a que moi et vous mon ami qui ont fait des ouvrages dans la seule vue d'applanir les difficultés de cette science Que la loi soit bonne ou mauvaise on doit l'obéir pour ne pas tomber dans le pire des états l'anarchie Caton écrivait au sénat qu'il avait soumis plus de places en Espagne qu'il n'avait été de jours à la parcourir Ce guerrier n'ose lever ses yeux il court renfermer dans sa tente son chagrin et sa honte dont il est accablé La traduction n'a jamais permis que la saine doctrine pût être altérée L'esprit des méchants comme leur caractère me déplaisent Le mérite des hommes aussi bien que les fruits ont leur saison On dit qu'on va construit un nouveau pont en face du Louvre Cet homme court au travers des champs

10° Ce conseil s'assemble une fois par mois il détermine et préside à toutes les discussions des gardes nationaux de la compagnie Quelque belles contrées que vous avez parcouru quelques riches que soient les pays que vous ayez visité quel que soient leurs productions je doute que vous en avez vu un aussi riche que celui-ci Il est dangereux de dire au peuple que les lois ne soient pas justes Cette nation de fanatiques ont fait périr cruellement tous les étrangers qui se trouvaient chez elle Une multitude d'hommes s'est réunie ici pour parler d'une affaire conséquente Vous êtes le seul élève qui m'a donné de la satisfaction Nous étions hier au soir en promenade les même élèves qui avions manqué à leur professeur à la dernière promenade

> Aussitôt qu'un sujet s'est rendu trop puissant
> Encore qu'il est sans crime il n'est pas innocent

11° Il n'y a plus de temps à perdre messieurs mettons-nous à table nous avons de la bonne soupe du bon vin du bon bouilli des bonnes côtelettes et des excellentes légumes C'est toi mon fils qui su se faire aimer qui s'expliqua avec grâce et qui captiva tous les cœurs La vanité humaine ne peut souffrir l'égalité entre les hommes La religion nous apprend à être affables vis-à-vis nos inférieurs Le Nil entretenait le commerce dedans l'Égypte Les passions nous travaillent durant tout le cours de la vie J'ai fait des brillantes affaires cette année mais j'en ai fait encore des bien plus conséquentes les années précédentes Les lois de Lycurgue ordonnaient que les enfants couchent nu sur la terre elles exigeaient qu'ils soient tous élevés en commun et que les fils des premiers magistrats soient soumis à cet ordre ces lois prescrivaient aussi que les filles soient mariées sans dot

Cet animal tapi dans son obscurité
Jouit l'hiver des biens conquis durant l'été

12e La vertu sur le trône est dedans son plus beau lustre La nature de l'amour propre est de n'aimer que lui de ne considérer que lui Nous avons une idée du bonheur et nous ne pouvons arriver à lui La charité souffre tout pour ce qu'elle aime et s'y accommode La perte ou le salut des particuliers se bornent à leur personne Mon arc mes javelots mon char tout m'importunent Le commun des hommes vont de la colère à l'injure Une nuée de traits obcurcit l'air et couvrit tous les combattants L'on y conserve écrit le souvenir et l'offense Votre feu mère et feue ma tante avaient autant de prudence comme d'esprit Les plaisirs sont des amusements qui ne laissent qu'un long et un funeste repentir Les crèves-cœurs sont des plaisirs qui crèvent le cœur Avez-vous vu le mur que j'ai fait faire Il est prêt à tomber Où est mon fils il faut que je le voit avant qu'il meurt Ce qui soutient le plus la santé est la tempérance. Ces martyrs marchaient tous les deux au trépas en se donnant la main J'ai appris que vous étudieriez les langues anciennes et modernes

EXERCICES SUR LA PONCTUATION.

De la virgule. (*Voyez les* nos 287 *à* 292.)

PREMIER EXERCICE. Accoutumez-vous ô Télémaque à n'attendre des plus grands hommes que ce que l'humanité est capable de faire. La jeunesse sans expérience se livre à une critique présomptueuse qui la dégoûte de tous les modèles qu'elle a besoin de suivre et qui la jète dans une indocilité incurable. Non seulement vous devez aimer respecter imiter votre père quoiqu'il ne soit point parfait; mais encore vous devez avoir une haute estime pour Idoménée malgré tout ce que j'ai repris en lui. Il est naturellement sincère droit équitable libéral bienfesant; sa valeur est parfaite il déteste la fraude quand il la connaît et il suit librement la véritable pente de son cœur. Henri IV avait avant de monter sur le trône peu d'amis peu de places importantes peu d'argent et une petite armée; mais son courage son activité sa politique suppléait à tout ce qui lui manquait.

2e Au premier coup qu'on lui porte l'idole se renverse se brise et est foulée aux pieds. Le mépris la haine la crainte le ressentiment la défiance en un mot toutes les passions se réunissent contre une autorité si odieuse. Le roi qui dans sa vaine prospérité ne trouvait pas un seul homme assez hardi pour lui dire la vérité ne trouvera dans son malheur aucun homme qui daigne ni l'excuser ni le défendre contre ses ennemis. Charles V fut le premier qui depuis Charlemagne aima les gens de lettres les favorisa les protégea et leur accorda des titres honorables. Les hommes qui sont créés pour connaître et aimer Dieu doivent s'appliquer à fuir le vice et à pratiquer la vertu. La science qui est le prix du travail ne laisse jamais l'homme sans consolation. Celui-ci était étendu percé de diverses blessures; et dans son extrême faiblesse il entrevoyait près de lui les portes sombres des enfers.

De la virgule et du point-et-virgule.

Je touche mon cher fils au bout de ma carrière
Tes innocentes mains vont fermer ma paupière
Mais soutenu du tien mon nom ne mourra plus.

3e Platon et Cicéron chez les anciens Clarck et Leibnitz chez les modernes ont prouvé métaphysiquement et presque géométriquement l'exisence du Souverain-Être : les plus grands génies ont cru à ce dogme consolateur. Plaute qui a fait rire les Romains pour les corriger Phèdre qui a fait parler les animaux d'une manière si utile aux hommes Horace qui a si bien peint la raison des couleurs de la poésie et tant d'autres auteurs ont leurs rivaux en France et peut-être leurs vainqueurs. La satisfaction qu'on tire de la vengeance ne dure qu'un moment mais celle que l'on tire de la clémence est éternelle.

4e La bonté et la fermeté sont les deux qualités qui constituent le véritable instituteur. La puissance de la bonté se fait surtout sentir à cet âge tendre qui éprouve un si grand besoin de la rencontrer chez ceux auxquels il est soumis elle tempère l'agitation de l'enfance elle fixe sa mobilité par le charme qu'elle répand autour d'elle elle adoucit la grossièreté elle encourage la timidité elle console le malheur elle relève ceux qui sont abattus elle se fait surtout sentir à ceux dont la situation est la moins favorable elle a mille attraits pour appeler à elle les jeunes enfants elle a mille aliments pour leurs nécessités diverses elle seule enseigne la vraie mesure de l'indulgence. Vous devez vous le dire d'avance une grande une immense provision de bonté est nécessaire à celui qui se voue aux nobles et pénibles fonctions d'instituteur.

De la virgule, du point-et-virgule et des deux-points.

5e Il y a trois sortes d'ignorances ne rien savoir savoir mal ce qu'on sait et savoir autre chose que ce qu'on doit savoir. Il y a deux grands traits qui peignent le caractère le zèle à rendre service qui prouve la générosité le silence sur les services rendus qui annonce la grandeur d'âme. L'exercice la sobriété le travail voilà trois médecins qui ne se trompent pas. Il ne faut jamais mépriser ceux qui sont moins riches que nous car qui vous a dit que la fortune ne vous délaissera pas un jour ? Pythagore a dit mon ami est un autre moi-même et Plaute le bien qu'on fait à d'honnêtes gens n'est jamais perdu. Télémaque répondit à Adoam avec un étonnement mêlé de joie je vous ai vu je vous reconnais mais je ne puis me rappeler si c'est en Egypte ou à Tyr. Alors Adoam s'écria vous êtes Télémaque que Narbal prit en amitié lorsque nous revînmes d'Egypte.

> .... Punissez les forfaits
> Mais ne trahissez pas vos propres intérêts'
> A qui peut se venger trop souvent il en coûte.

6° Il faut céder à l'usage et à l'autorité ce sont deux devoirs que l'on ne peut récuser. Un écrivain estimable a dit un digne instituteur serait le plus vertueux des hommes. Former l'enfance de l'homme développer en elle le don de l'humanité telle est la tâche de l'instituteur. L'homme est un son intelligence son cœur ses organes forment un tout étroitement lié. L'instruction élémentaire lui donne en quelque sorte de nouveaux organes mais il faut que la plante entière croisse se déploie porte ses fruits c'est à vous de la cultiver de la soutenir de la féconder. Si le travail est le gardien des mœurs les mœurs à leur tour ne protégent pas moins le travail l'éducation seule peut garantir ou de la pauvreté ou du vice.

De la virgule, du point-et-virgule, des deux-points et des différents points.

7° La plupart des écrivains dit Beauzée multiplient trop l'usage du point et tombent par-là dans l'inconvénient de trop diviser les membres de la période et quelquefois ils courent les risques d'être mal compris Veux-tu devenir homme de bien fréquente les bons évite les méchants et ne demeure jamais oisif. Cléopâtre allant à Tarse où Antoine l'avait mandée fit ce voyage sur un vaisseau brillant d'or et orné des plus belles peintures Les voiles étaient de pourpre les cordages d'or et de soie Cléopâtre était habillée comme on présente Vénus Ses femmes représentaient les nymphes et les grâces Milton voyageant en Italie dans sa jeunesse vit représenter à Milan une comédie intitulée Adam ou le péché originel Le sujet de cette pièce était la chûte de l'homme. Les acteurs étaient Dieu le père le diable les anges Adam Eve le serpent la mort et les sept péchés mortels

Je le ferai bientôt — Mais quand donc dès demain
Eh mon ami la mort peut te surprendre en chemin

8e Pensez-vous qu'Ulysse le grand Ulysse votre père qui est le modèle des rois de la Grèce n'ait pas aussi ses faiblesses et ses défauts Si Minerve ne l'eût conduit pas à pas combien de fois aurait-il succombé dans les périls et dans les embarras où la fortune s'est jouée de lui combien de fois Minerve l'a-t-elle retenu ou redressé pour le conduire toujours à la gloire par le chemin de la vertu N'attendez pas même quand vous le verrez régner avec tant de gloire à Ithaque de le trouver sans imperfection vous lui en verrez sans doute La Grèce l'Asie et toutes les îles des mers l'ont admiré malgré ses défauts mille qualités merveilleuses les font oublier Vous serez trop heureux de pouvoir l'admirer aussi et de l'étudier sans cesse comme votre modèle

Où suis-je à mes regards un humble cimetière
Offre de l'homme éteint la demeure dernière
Un cimetière aux champs quel tableau quel trésor.

RÉCAPITULATION SUR LA PONCTUATION.

J'ai à reconnaître la noblesse de ce titre d'instituteur primaire que la frivole opinion du monde ne saurait apprécier que ne décorent pas les avantages extérieurs mais qui a droit à être honoré par les bons esprits et les gens de bien Oui ce titre est honorable il est noble quand il est porté d'une manière conforme aux devoirs qu'il impose L'instituteur primaire est un véritable *officier public* les lois de l'état ont reconnu elles-mêmes l'importance la nécessité de cette fonction elles l'ont fondée réglée protégée elles en ont fait l'objet d'une juste sollicitude L'instituteur primaire reçoit de l'autorité publique le caractère dont il est investi tantôt appelé choisi nommé par cette autorité il prend rang dans la commune comme directeur d'un établissement municipal tantôt reconnu du moins par l'autorité pour ouvrir une école en son nom privé il se range dans la classe de ces dépositaires qui se présentent à la confiance générale avec les garanties qu'un tel aveu doit exprimer Ses relations sont avec le public ses services ont pour objet un intérêt commun mandataire collectif il reçoit le dépôt remis dans ses mains par un grand nombre de familles Lui-même il exerce une autorité réelle légitime dans l'enceinte de son établissement il y est revêtu d'une sorte de magistrature dont l'influence s'étend au dehors Cette magistrature est celle de la famille délégué des parents il les représente il exerce en leurs noms la puissance paternelle La dignité des fonctions d'instituteur est donc comme un reflet une émanation de cette haute dignité confiée aux pères de famille par la providence par la nature par les lois Le ministère de l'instituteur quoique purement civil s'associe lui-même au ministère religieux le seconde car l'instruction sert la religion elle sert la morale qui est la fille de la religion l'instituteur primaire prépare l'enfance à l'éducation religieuse l'école est comme le portique du temple. Quel témoignage plus certain un instituteur pourrait-il recevoir de l'estime générale que celui qu'il trouve dans la confiance qui lui est accordée Car la confiance on le sait ne peut s'attacher à la personne qu'en se fondant sur l'estime On dépose dans leurs mains les objets des affections les plus tendres et les plus vives on les associe à tout ce que la sollicitude d'un père et d'une mère peut avoir de plus chers intérêts on s'en remet à lui pour conserver et préparer le bonheur et l'avenir des familles on lui accorde un pouvoir presque sans bornes on se repose sur lui sans autre garantie que celle de son caractère et de sa conduite Voici un avantage de la position d'un instituteur c'est qu'elle lui offre une occasion constante de se perfectionner lui-même elle lui en fournit des motifs elle lui en prête des moyens. Elle l'appèle en effet à exercer ses facultés de la manière la plus active et la plus continue Il aura à étudier sans cesse il aura des sujets d'observations aussi intéressants que nombreux il s'instruira en enseignant il devra s'appliquer à connaître les bonnes méthodes afin de ne pas rester routinier il deviendra meilleur en cherchant à diriger ses élèves à les rendre bons il acquerra de nouvelles forces par son application persévérante et courageuse à remplir ses pénibles devoirs.

L'instituteur a besoin de posséder un fonds de connaissances positives réelles, de connaissances qui roulent sur les faits il en aura besoin pour s'y appuyer dans les applications et c'est vers ce but d'ailleurs qu'il devra constamment diriger ses efforts.

Mais ce n'est point assez encore de posséder les connaissances il faut de plus avoir le talent de les transmettre Le talent d'enseigner suppose l'instruction mais il manque souvent aux hommes les plus instruits Le talent d'enseigner n'est pas seulement celui d'exposer facilement il suppose aussi l'art de présenter les choses sous leur aspect naturel l'habileté à les disposer de la manière la plus conforme aux dispositions et aux besoins des élèves il suppose l'intelligence des bonnes méthodes et l'habitude de les appliquer il suppose l'art de se mettre à la portée de ceux dont on veut se faire comprendre d'employer les formes les plus propres à faire pénétrer la lumière dans leurs esprits il suppose à la fois et la netteté dans les idées et la clarté dans le langage moins les élèves sont avancés plus il faut descendre à eux en leur facilitant l'étude.

L'instituteur primaire a besoin de beaucoup de discernement pour apprécier les nombreuses difficultés de sa position et pour en triompher il a besoin de pénétration pour découvrir les dispositions des enfants les obstacles qui les arrêtent les impressions qu'ils recoivent pour suivre les mouvements fugitifs de leur intelligence il a besoin d'un grand esprit de conduite pour conserver son indépendance pour se guider dans ses relations pour régler toutes ses démarches pour ne jamais se compromettre avec les parents ou les élèves.

Les jours du véritable instituteur sont pleins de charmes une activité tranquille et bien ordonnée mais infatigable met en valeur tous ses instants les enfants accourent avec joie auprès de lui il est au milieu d'eux comme un père le désir de lui être agréable la crainte de lui déplaire sont pour eux le plus puissant mobile Il voit se développer rapidement sous ses yeux les facultés de l'intelligence et les qualités du cœur Il recueille sans cesse en même temps qu'il sème Son école est comme un petit monde où pénètrent les lumières de la raison la chaleur des sentiments vertueux où règnent l'ordre la sagesse et la bonté dans les intervalles de liberté qui lui restent il continue sa propre éducation il réfléchit sur la marche qu'il a suivie, il prépare les améliorations il éprouve ce contentement intérieur ce premier bien de l'homme qui est la récompense d'une vie consacrée à l'accomplissement des devoirs il se voit entouré de l'approbatiion des gens de bien Un sage instituteur en s'adressant à ses collègues dans une de ces conférences que nous désirons vivement voir s'établir entre les instituteurs de chaque canton disait l'importance de nos fonctions et par conséquent l'appréciation de notre position sociale dépend en grande partie de la manière dont nous remplissons nos devoirs de l'aptitude que nous y apportons du dévouement qui nous anime des peines qui environnent nos efforts.

Sous tous les rapports soyons nous-mêmes nos premiers surveillants nos juges les plus sévèresNous sommes d'âges différents Il n'est aucun âge où l'homme ne puisse plus apprendre plus faire de progrès Fesons encore des progrès Soyons de notre siècle puisque c'est pour notre siècle que nous formons nos jeunes concitoyens Remplissons nos devoirs de manière à donner en même temps des leçons et des exemples La plus haute dignité qui se puisse obtenir dans ce monde est la dignité morale C'est elle que chacun se confère à lui-même En possession de ce trésor distingué par un caractère auguste la considération du monde ne nous manquera pas plus que sa reconnaissance

Phrase où se trouvent réunis tous les signes de la ponctuation.

On proclame à haute voix le nom du jeune Victor B**** un jeune homme s'élève à l'extrémité supérieure de la salle tous les yeux se portent sur lui il descend on s'empresse de se déranger pour lui ouvrir un passage mais on a le temps de s'interroger « Quel est-il Quel âge a-t-il Quel air modeste Quelle figure aimable Que sa mère doit être heureuse La voilà — où donc — là cette dame qui s'essuie les yeux » et mille autres propos que le jeune homme recueille en allant recevoir la couronne

FIN.

TABLE ALPHABÉTIQUE

DES MATIÈRES.

D

E

F

G

H

I

J

L

M

N

O

P

Q

R

S

T

V

Y

FIN DE LA TABLE.